GW01375349

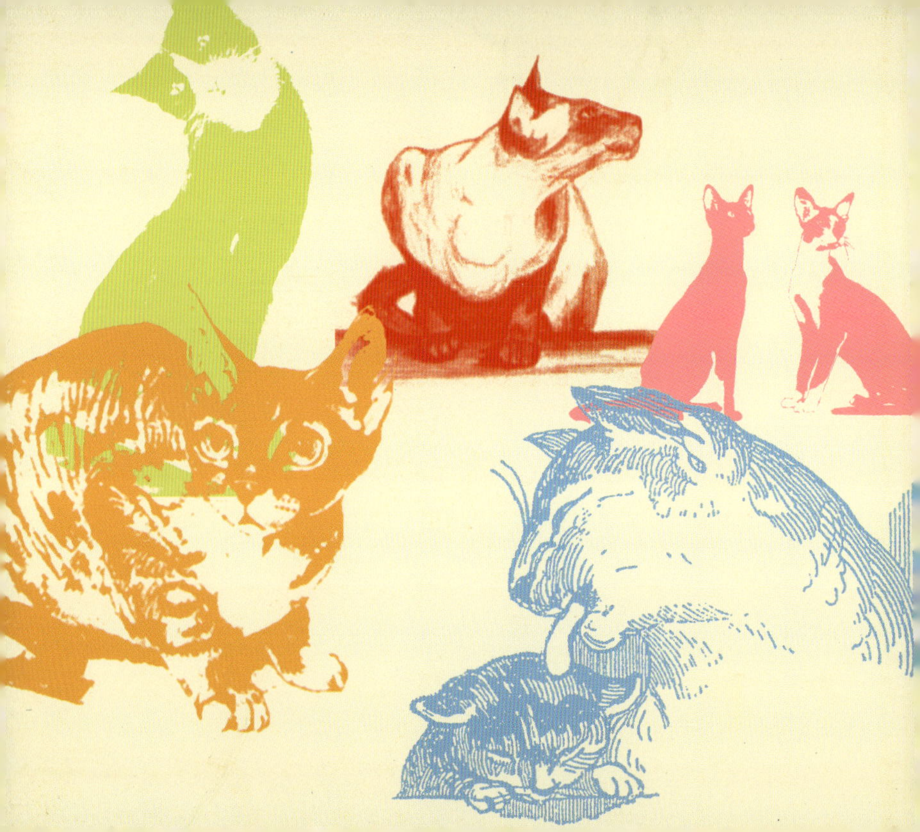

18

»Es gibt nichts Weicheres, es gibt nichts, was der Haut eine köstlichere, raffiniertere Empfindung vermittelte als das lauwarme, vibrierende Gewand einer Katze.«

GUY DE MAUPASSANT

19

Mit ihren saphirblauen Augen ist die Birmakatze, auch »Heilige Birma« genannt, ein Prachtexemplar! Sie wirkt richtig majestätisch mit ihrem schattierten Fell. Es weist dunkle Abzeichen an den weniger durchbluteten Körperstellen wie Gesicht, Ohren, Schwanz oder Beinen auf. Das Fell ist halblang: In ihren Adern fließt nämlich Perserblut.

20

Nichts ist der Birmakatze
wichtiger als die Gesellschaft
ihres Menschen. Sie ist ein
unkomplizierter Gefährte:
Trotz ihrer weißen »Hand
schuhe« fühlt sich
die wunderschöne, elegante
Katze auf dem Lande genauso
wohl wie in der Stadt.

21

Die Abessinierkatze ist von
faszinierender Eleganz. Mit
ihren Halsringen und dem
wildfarbenen Fell ähnelt sie
der heiligen Katze der Ägypter.
Vom Namen her könnte man
meinen, sie käme aus
Abessinien (heute Äthiopien).
Das täuscht jedoch: Sie hat
ihren Ursprung in Indien.

22

Die Abessinierkatze nimmt
ihren Menschen genau ins
Visier. Schlank und sehr
geschmeidig ist diese
intelligente Katze. Sie hat
paillettenartige Augen und ein
getigertes (gebändertes) Fell.
Sie liebt die Höhe und macht
es sich gerne auf einem Regal
bequem – ein idealer Platz
zum Meditieren.

23

Bei einer Katze weiß man nie genau, woran man ist. Wenn sie miaut, bräuchten wir so etwas wie einen Decoder. Wir müssen lernen, die sieben Botschaften ihrer »Sprache« zu interpretieren.

24

Die Menschen müssen ihren Teil beisteuern, um mit ihrer Katze zu kommunizieren. Dabei spielt die Wortwahl keine Rolle. Wichtig bei unseren »Unterhaltungen« mit Katzen ist der Tonfall. Und man muss mit ihnen unter vier Augen sprechen, um ihre Aufmerksamkeit zu erregen.

25

»Ein Alphabet der Schönheit: Die Nase und die zwischen Nase und Mund verlaufende Linie bilden ein Y, die Schnurrhaare entfernt ein X. Und die Fellzeichnung auf der gestreiften, marmorierten Stirn ist M-förmig. Zauberer, Alchimisten und Hexen müssen von diesen Initialen fasziniert gewesen sein.«
LEONOR FINI

26

»Aufständische und Rebellen, Sonderlinge und Exaltierte, Einsiedler und Vereinsamte lieben Katzen.«
LEONOR FINI

27

Das Schnurren der Katze schmeichelt unseren Ohren. Bei einer jungen Katze ist es noch eintönig, doch im Lauf der Monate verwandelt es sich in eine Kantate aus drei oder vier Tönen.

28

Die Katze liebt Streicheleinheiten und sanfte Worte. Sobald man sich ihr nähert, beginnt sie zu schnurren – eine Reminiszenz an die Zeit als Katzenbaby. Der Fachausdruck hierfür ist Neotenie. Je mehr man sie liebt, desto weniger will sie erwachsen werden.

29

Die Katze ist wie ein offenes Buch. An ihrem Schwanz kann man so manches ablesen: Er verfügt über ein Dutzend »Zeichen«, die je nach Stellung Angst, Ärger, Aggressivität, Angriffslust und so weiter ausdrücken.

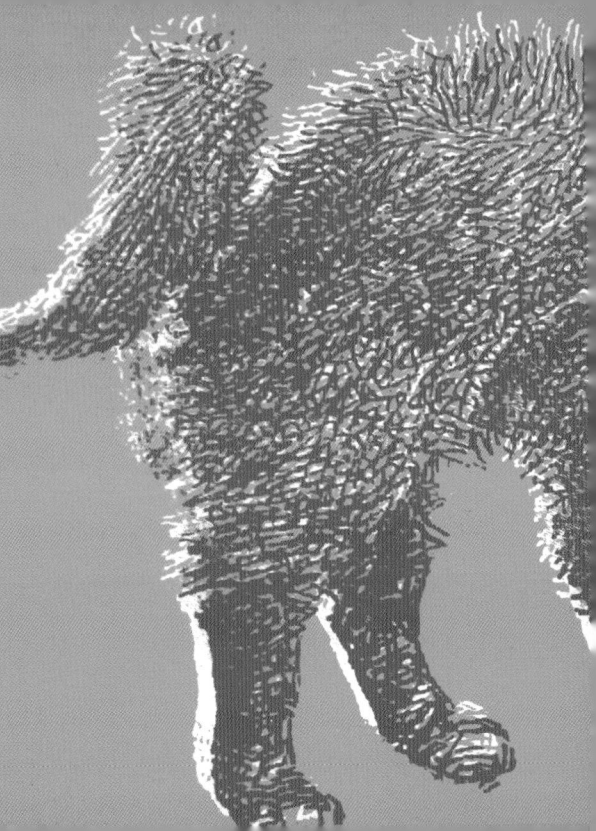

30

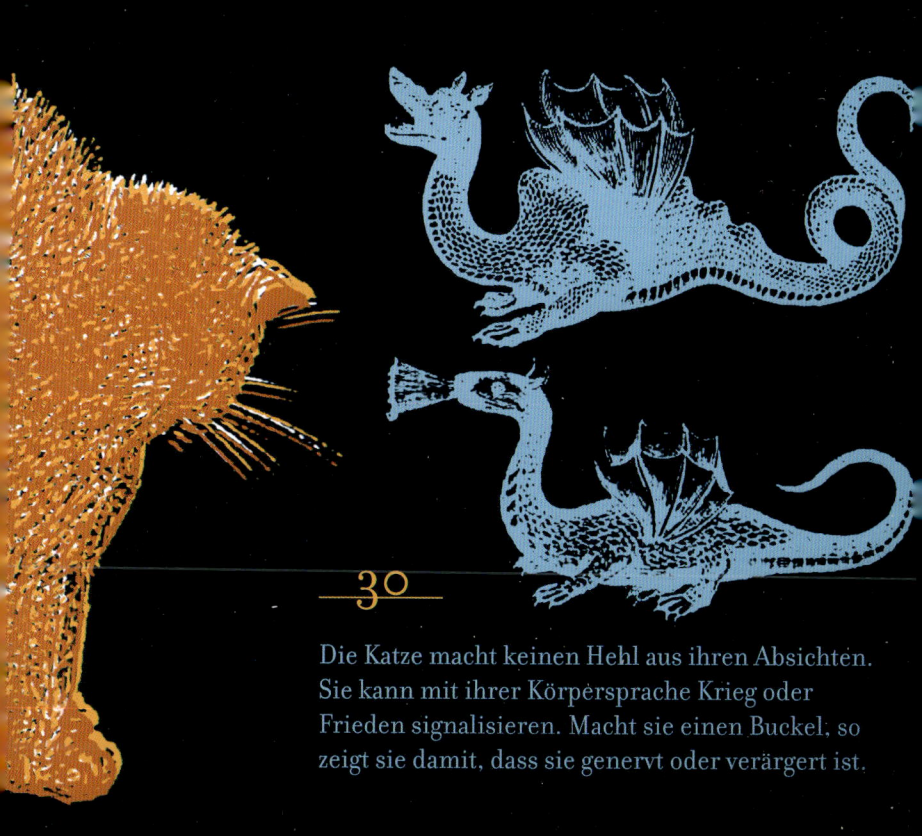

Die Katze macht keinen Hehl aus ihren Absichten.
Sie kann mit ihrer Körpersprache Krieg oder
Frieden signalisieren. Macht sie einen Buckel, so
zeigt sie damit, dass sie genervt oder verärgert ist.

31

Die Katzenmutter spürt instinktiv, welche Jungtiere sich nicht in die Tiergemeinschaft einfügen können. Deshalb tötet sie Neugeborene, die keine Haare haben. Ohne Tasthaare ist die Katze nämlich von ihrer Umgebung isoliert und kann sich nicht anpassen.

32

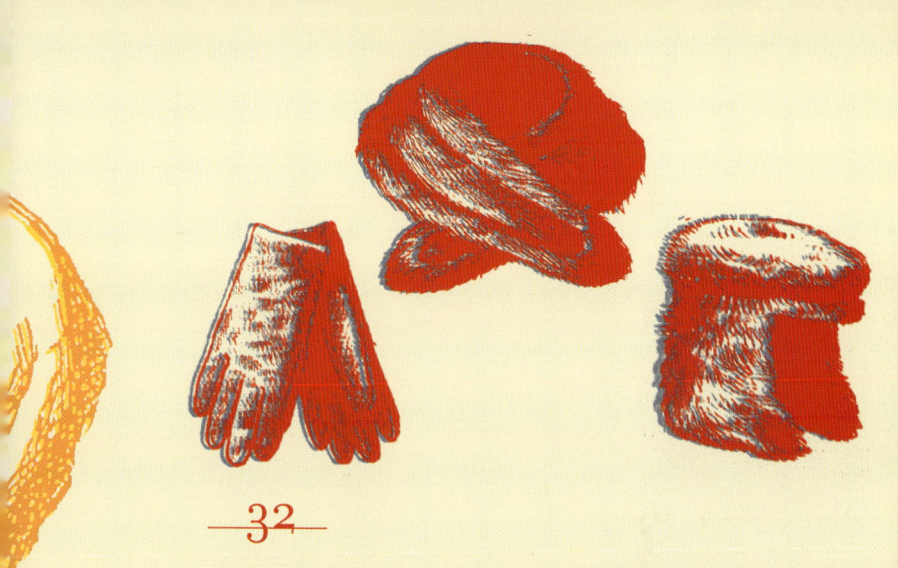

Um Katzen brauchen wir uns nicht zu sorgen – sie sind von eiserner Gesundheit und sehr zäh. Ihr Fell schützt sie nicht nur vor Hitze und Kälte, sondern auch vor Parasiten und Bakterien.

33

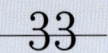

Unabhängig von ihrer Lebensweise verhält sich die Katze immer natürlich. Doch manchmal hat sie den Teufel im Leib und will sich gleichzeitig auf den Vogel stürzen und auf einen Angriff vorbereiten. Dann sorgt der Schwanz für die nötige Balance.

34

Man muss keine Gedanken
lesen können, um zu erkennen,
ob die Katze gut oder schlecht
gelaunt ist. Die Bewegungen des
Schwanzes zeigen das Auf und Ab
ihrer Stimmung an. Reckt sie den
Schwanz in die Höhe, so geht es
ihr bestens. Lässt sie ihn
hängen, läuft
es für
unsere
Mieze
nicht so
gut!

35

Wer ein Faible für redselige Katzen hat, wird die Gesellschaft der Orientalkatze schätzen. Sie stammt aus dem Königreich Siam und ist – genau wie ihre Verwandte, die Siamkatze – eine richtige Quasselstrippe!

36

Die Orientalkatze hütet ihren Menschen wie ihren Augapfel. Und das soll etwas heißen – schließlich hat diese Katze Smaragdaugen!

37

»Sie lieben die Ruhe,
die Stille und die
Ordnung, und
nirgendwo fühlen sie
sich wohler als im
Arbeitszimmer des
Literaten.«

THÉOPHILE GAUTIER

38

»Man könnte meinen, dass die Katzen den Gedanken, der vom Gehirn in die Spitze der Schreibfeder fließt, erahnen und ihn fassen wollen, indem sie die Pfote ausstrecken.«

THÉOPHILE GAUTIER

— 39 —

Die Katze ist mit zahlreichen Fähigkeiten gesegnet. Sie gilt als bedeutend für den finanziellen Wohlstand sowie die Bewachung und den Schutz der Toten. In Tokio gilt sie auch als Beschützerin der Kinder.

40

Die Katze ist frei wie der Wind. Das glaubten jedenfalls die alten Römer. 200 Jahre vor Christus haben sie die Statue der Libertas, der Göttin der Freiheit, mit einer Katze geschmückt.

41

»Komm, schöne Katze, auf mein liebend Herze,
Und halte noch zurück der Pfote Krallen;
Lass tauchend mich in deine Augen fallen,
Worin sich mischen der Achat und Erze.«

CHARLES BAUDELAIRE

42

»Katzen sind geheimnisvoll.
In ihnen geht mehr vor,
als wir gewahr werden.«
SIR WALTER SCOTT

43

Die Katze trägt ihren Beamtenstatus zu Recht. In
manchen Ländern wie Dänemark oder den USA
ist sie in Postämtern tätig: Sie macht Jagd auf
Ratten, die die Briefe annagen. In Neuseeland
wurde sie bis 1965 sogar in Naturalien entlohnt.

44

Die Katze erscheint mondän, wenn sie auf weißen Pfoten die Salons betritt. Slippers, die Katze von Präsident Theodore Roosevelt (1858–1919), versäumte nicht eine Gala im Weißen Haus. Und dem Kater Tom Kitten rollte John F. Kennedy (1917–1963) sogar den roten Teppich aus.

— 45 —

Die Katze sorgt für Sinnestäuschungen:
Wenn sie durch den Garten streift,
könnte man sie für einen Tiger halten.
Wenn sie schläft, ist sie dagegen weich
und kuschelig wie ein Plüschtier.

46

Mit ihrem Kussmäulchen verführt uns die Katze regelrecht zum Schmusen. Durch ihre nach hinten gezogene Oberlippe sieht es aus, als würde sie lächeln. Beim Anblick einer hübschen Gartenblume gerät die Katze in Verzückung.

47

»Das Leben und dazu eine Katze, das gibt eine unglaubliche Summe.«

RAINER MARIA RILKE

48

»Der Mensch darf erst dann als zivilisiert gelten, wenn er die Katze versteht.«

GEORGE BERNARD SHAW

49

Die Katze hat stets etwas Rätselhaftes an sich. Gerne würden wir ihr unsere Sprache leihen, wenn ihr Schwanz sich in die Höhe reckt, sich krümmt und im Takt schlägt. Damit drückt sie ihre Zweifel, ihre Widersprüche aus.

50

Die Katze bewacht
ihr Zuhause.
Eindringlinge
aufgepasst! Wenn
sie einen Buckel
macht, stellen sich
ihre Haare auf. Sie
wird furchtbar
zornig und droht
auf schreckliche
Weise.

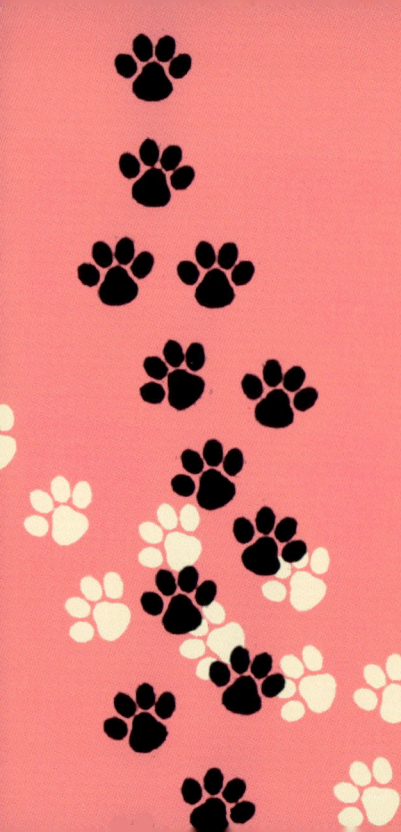

51

»Ich bin die Katze, die frei umherstreift, und ich bin überall zu Hause.«

RUDYARD KIPLING

52

»In ihren Adern fließt kein Blut,
sondern Lindenblütentee.«

JEAN-LOUIS HUE

53

Für kleine Kinder, die oft noch nicht so geschickt mit ihren Katzenfreunden umgehen können, ist eine Ragdoll-Katze ideal. Das englische Wort »Ragdoll« bedeutet »Lumpenpuppe«. Diese Katze besticht durch ihr weiches Fell und ihre Unkompliziertheit. Sie verdient alle Liebkosungen dieser Welt!

54

Kleine Katzen sind die Sanftmut in Person. Die Ragdoll-Katze ist hierfür das beste Beispiel. Es handelt sich um eine kräftige Rasse mit halblangem, seidigem Fell, voller Halskrause und langem Schwanz. Ihre Augen sind himmelblau.

— 55 —

In ihrer Heimat gilt die Russisch Blau als Glücksbringer. Uns schenkt sie pures Glück, da sie besonders liebevoll zu Kindern ist. Sie hat nicht nur ein seidenweiches Fell, sondern auch ein freundliches und ruhiges Naturell.

56

Die Britisch Kurzhaar erfreut sich großer Beliebtheit, da sie mit ihrem plüschigen Fell an einen großen Teddy erinnert. Diese Katze ist das Pendant zur Europäischen Kurzhaarkatze. Mit ihren Hängebacken und den runden, bisweilen kupferfarbenen Augen sieht sie jedoch der Kartäuserkatze täuschend ähnlich.

— 57 —

»Wo immer sich
eine Katze nie-
derlässt, wird
sich das Glück
einfinden.«
STANLEY SPENCER

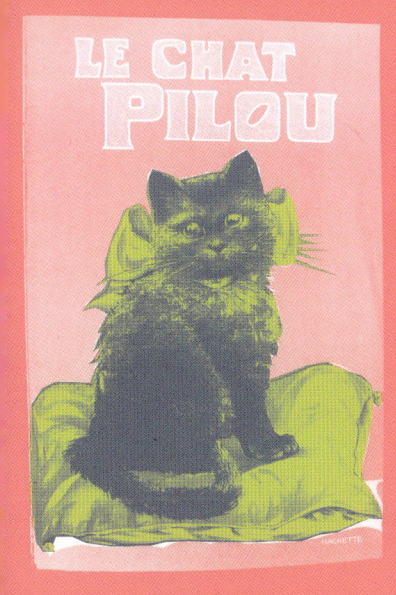

58

»Wer möchte nicht ein Kätzchen sein,
hat keine Schule, kein Latein,
braucht nicht zu rechnen,
braucht nicht zu lesen.
Ach, die Kätzchen sind glückliche Wesen.«
GUSTAV FALKE

59

Die »Federkatze« ist weder ein Literat noch ein Katzenvogel. Es handelt sich um die Mandarin, eine orientalische Schönheit mit seidenweichem Fell. Ihr Schwanz erinnert an eine lange Feder.

60

Die Ocicat stammt vom Ozelot ab. Und dieser Ähnlichkeit mit der Wildkatze verdankt die aus Michigan stammende Rasse ihren Namen. Sie hat ein geflecktes Fell, mehrere Halsringe und fein gezeichnete Augen und Wangen.

61

Gibt es Traumhafteres, als einen »blauen Engel« zu liebkosen? So wird die Russisch Blau oft genannt. Dieses Kompliment verdankt sie ihrer legendären Sanftmut. Ihren anderen, ebenso schönen Beinamen »Erzengel-Katze« verdankt sie ihrem Herkunftsort Archangelsk, einer Hafenstadt am Weißen Meer.

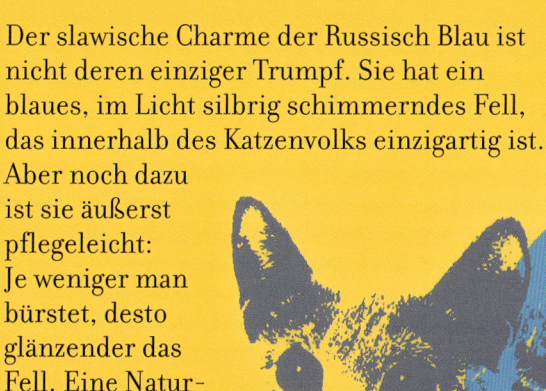

Der slawische Charme der Russisch Blau ist nicht deren einziger Trumpf. Sie hat ein blaues, im Licht silbrig schimmerndes Fell, das innerhalb des Katzenvolks einzigartig ist. Aber noch dazu ist sie äußerst pflegeleicht: Je weniger man bürstet, desto glänzender das Fell. Eine Naturschönheit!

63

Wer liebt, zählt nicht! Die Zeit, in der man seine Ragdoll aufwachsen und zu voller Schönheit aufblühen sieht, ist lang genug. Nach etwa vier Jahren bekommt sie ihr endgültiges Fell, dicht und federbuschartig.

64.

Die erwachsene Ragdoll ist von großer Schönheit, wenn sie in ihrem halblangen, seidigen Gewand herumspaziert. Ihre Mähne verläuft bis über die Brust, so dass sie wie ein Lätzchen aussieht.

65

»Ein Haus ohne Katze ist wie ein Aquarium ohne Fisch.«

JEAN-LOUIS HUE

66

Die Anmut der Katzen ist faszinierend.
Von den Zehen bis zu den Ohrläppchen
besitzen sie etwa 500 Muskeln. Deshalb
ist ihr Körper so dehnbar und kann sich
wie von Zauberhand verwandeln.

67

Die Katze durchschaut uns und erahnt unsere Reaktionen. Ihr Fell ist wie ein die Umwelt erfassendes Radar: Beim Näherkommen weiß sie, welche Grenzen sie nicht überschreiten darf.

68

Oft schwankt die Katze zwischen Hinaus- und Hineingehen, weiß nicht, ob sie lieber schmusen oder auf Distanz gehen will. Geduld: Wenn die Katze die Qual der Wahl hat, lässt sie sich Zeit mit ihrer Entscheidung!

69

Die Katze zieht uns in ihren Bann. Tag für Tag verströmt sie ihre geheimnisvolle Aura. Sie ist zugleich wild und häuslich und fühlt sich in der Natur ebenso wohl wie in der Etagenwohnung.

70

»Wie gut kann ich Mohammed verstehen: Als der Muezzin zum Gebet rief, schnitt er mit der Schere einen Ärmel seines Gewands ab, um seine Katze, die sich auf seinen Armen niedergelassen hatte, nicht zu wecken.«

PIERRE LOTI

71

Die Katze ist bestens gewappnet, um ihre Umwelt zu erfassen. Außer ihren Duftdrüsen besitzt sie an mehreren Körperstellen spezielle Drüsen. Die Kaudaldrüsen am Schwanz und die Lippendrüsen dienen dazu, Dinge anzuzeigen. Die Temporaldrüsen an den Schläfen sind eher für Sympathiebekundungen zuständig.

72

Die Katze ist eine Prophetin.
Sie kann Naturkatastrophen
vorhersehen. Über ihr Fell
nimmt sie Hitze und Kälte sowie
die Umrisse von Gegenständen
wahr. Sie braucht nur die Füße
auf den Boden zu setzen, um
das Trippeln der Mäuse ebenso
wie bevorstehende Erdbeben zu
registrieren und vieles mehr.

73

Die Katze ändert ständig ihre Lage:
Mal ist sie zusammengerollt, dann
liegt sie wieder mit ausgestreckten
Pfoten auf dem Bauch, wie ein
Krokodil.

74

Die Katze verführt uns mit ihrer Schönheit und
Reinlichkeit. Ihr unbeschreiblicher Seifenduft
rührt vom Talggeruch ihrer Hautoberfläche her,
den wir Menschen nicht entschlüsseln können.
Für die Katze aber ist der Geruch wie ein Ausweis.

75

Die Norwegische Waldkatze oder »Norsk Skogkatt« hat die skandinavische Mythologie inspiriert. Die beeindruckende, feengleiche Katze zog den Wagen der Liebesgöttin Freya. Sie ist so kräftig und robust, dass nicht einmal der Kriegsgott Thor sie hochheben konnte.

76

Mit der dichten
Halskrause, den
»Knickerbockerhosen«
an den Hinterbeinen
und dem buschigen
Schwanz ist die Norwe-
gische Waldkatze ein
Prachtexemplar. Sie wurde
von den Wikingern entdeckt. Diese
Katze der Wälder hat sich ihre
Widerstandsfähigkeit bewahrt: Sie hat
keine Angst vor Kälte und liebt es, im
Schnee herumzuspazieren. Zu Hause jedoch
ist sie die Sanftmut in Person.

__77__

Die Katze kann ihre Absichten nicht vor uns verbergen. Allein ihre Augenlider sprechen Bände. Sie öffnen und schließen sich, je nachdem ob die Katze wach ist oder ruht. Wenn man morgens den Rollladen hochzieht, um den Tag zu begrüßen, reisst sie plötzlich ihre Nachtwächteraugen ganz weit auf.

78

Erstaunlich, wie eine Katze »verschwinden« kann.
Dieses Kätzchen ist wie vom Erdboden verschluckt.
Katzen verstecken sich in Ecken und Winkeln, in denen
man sie am wenigsten vermutet und die kaum größer als
ein Mauseloch sind.

79

»Nein, keinem Bogen könnt
gelingen
Auf meinem Herzen solcher
Strich
Und dass auf ihm so königlich
Die allervollsten Saiten singen.«

CHARLES BAUDELAIRE

80

Schon immer hat die Katze die Spielleute inspiriert. So taucht sie in zahlreichen Liedern auf, wie zum Beispiel in dem Kinderlied »A, B, C / Die Katze lief im Schnee. / Und als sie wieder raus kam, / Da hat sie weiße Stiefel an …«

Die Katze fühlt sich in jedem Zimmer wie zu Hause. Überall ist sie zugange: morgens in der Küche, nachmittags im Wohnzimmer, abends im Arbeitszimmer, nachts im Schlafzimmer und zwischendurch auch mal in ihrem Körbchen.

82

Die Katze ist dem Menschen ebenbürtig. Anders als der Hund beschlagnahmt sie den Sessel ihres Menschen nicht, um zu zeigen, dass sie der Chef ist, sondern weil es einfach der perfekte Platz für sie ist!

83

Katze und Prinzessin – das ist eine wahre Geschichte. Sie handelt von der Ägyptischen Mau, einer eher seltenen Katzenart, und der in Italien im Exil lebenden Prinzessin Natalie Troubetzkoy. Die Prinzessin war hingerissen von der Mau, als Mitte des 20. Jahrhunderts ein Diplomat diese Katze aus Ägypten mitbrachte. Sie sicherte den Fortbestand der Rasse, indem sie die Mau mit Katzen aus Kairo kreuzte.

84

Mehr Katze zu sein als die Ägyptische Mau geht nicht! Denn sie ist es zu 200 Prozent. »Mau« ist das ägyptische Wort für Katze. In Stein gehauene und auf Papyrus gemalte Zeugnisse beweisen, dass die Ägyptische Mau schon zur Zeit der Pharaonen existierte.

85

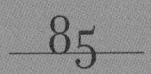

Mit ihrem weichen, geschmeidigen Fell ist die Scottish Fold eine richtige Schmusekatze. Dasselbe gilt für ihre Doppelgängerin mit halblangem Haarkleid, die Highland Fold! Diese große Katze mit plüschigem Fell hat eine Piepsstimme, wie ein kleines Mäuschen!

86

Die Scottish Fold ist eine besondere Katze. Sie ist kugelrund. Der vollmondförmige Kopf und die nach vorn und unten gefalteten Ohren erinnern stark an eine Mütze.

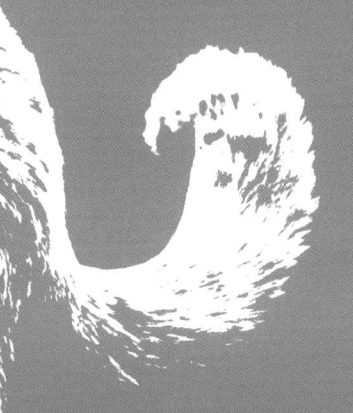

»Ich habe hundert Katzen gehabt, oder besser gesagt, hundert Katzen haben mich gehabt.«

JULES MICHELET

88

»Einen Namen für eine Katze zu finden, gehört zu den kniffligsten Aufgaben und nicht in die Rätselecke für strickende Damen. Ich darf Ihnen ganz im Vertrauen sagen: Jede Katze hat drei verschiedene Namen.«

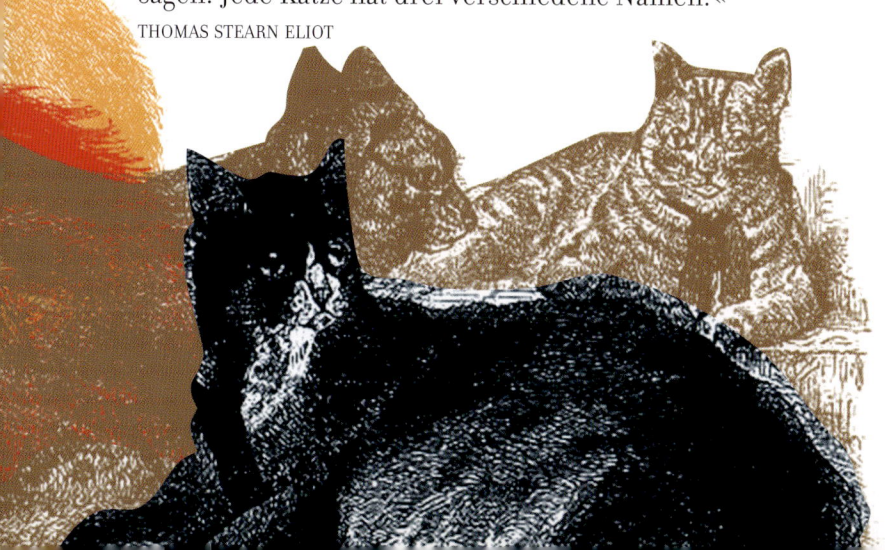

THOMAS STEARN ELIOT

89

Das Fell der Perserkatze kann
die verschiedensten Farben und
Zeichnungen aufweisen. Von den
einfarbigen, mehrfarbigen und
Schildpatt-Katzen, *silver*, *tabby* und
colourpoint, gibt es rund hundert
Varianten: silber, blau, *cameo*
(gelbrot oder cremefarben mit
einem *ticking*), zimtfarben,
chinchilla, *chocolate*,
cinnamon (Farbe des
Eichhörnchens), *fawn*
(sandbeige mit rötlichem Schimmer),
lavender, *lilac*, graubraun, schwarz,
orange, weiß und noch viele,
viele mehr.

90

Die kupferfarbenen oder gold-orangenen Augen der Perserkatze funkeln in wunderschönem Licht. Bei jeder Katze sind die Augen anders: Die *chinchilla*-farbene hat smaragdgrüne, die weiße Perserkatze dunkelblaue oder verschiedenfarbige Augen – eines blau, das andere kupferfarben oder dunkelorange –, während die *colourpoint* die tiefblauen Augen der Siamkatze, ihrer Vorfahrin, aufweist.

91

Die Redensart »Die Augen waren größer als der Magen« trifft auf die Katze zu: Einmal miaut sie, als würde sie verhungern, um dann trotzdem das Futter zu verweigern, Ein andermal hat sie wirklich Appetit, und ihre Pupillen erscheinen binnen einer Sekunde vier- oder fünfmal größer als sonst.

92

Es ist faszinierend, wie sich die Augen der Katze verändern. Je nach Abstand zwischen ihren Augen und dem anvisierten Objekt sehen ihre Pupillen anders aus. Blickt die Katze auf ein fernes Ziel, ist die Pupille rund und schwarz wie eine Musiknote. Nähert sich die Katze dem Objekt, wird sie allmählich zu einem senkrechten Schlitz, wie ein Taktstrich im Notensystem.

93

Dieser Bewegungskünstler beeindruckt uns mit akrobatischen Kunststücken. Dass die Katze so gelenkig ist, liegt daran, dass ihr Rückgrat besondere »Scharniere« aufweist.

94

Die Katze legt eine verblüffende Beweglichkeit an den Tag. Der Körper kann einen Halbkreis, aber auch eine gerade Linie bilden. Einmal ist der Katzenrücken halbkreisförmig und dann plötzlich wieder pfeilgerade!

95

»Wenn du einmal ihr Vertrauen erworben hast, ist die Katze ein Freund fürs Leben.«

THÉOPHILE GAUTIER

96

»Nach Wissen und nach tiefen Lüsten
Sind ihnen lieb das Schweigen und die Nacht.
CHARLES BAUDELAIRE

97

Die Katze macht eine regelrechte
Metamorphose durch, indem sie mit
ihrem Körper »spielt« und
permanent ihre Haltung wechselt.

98

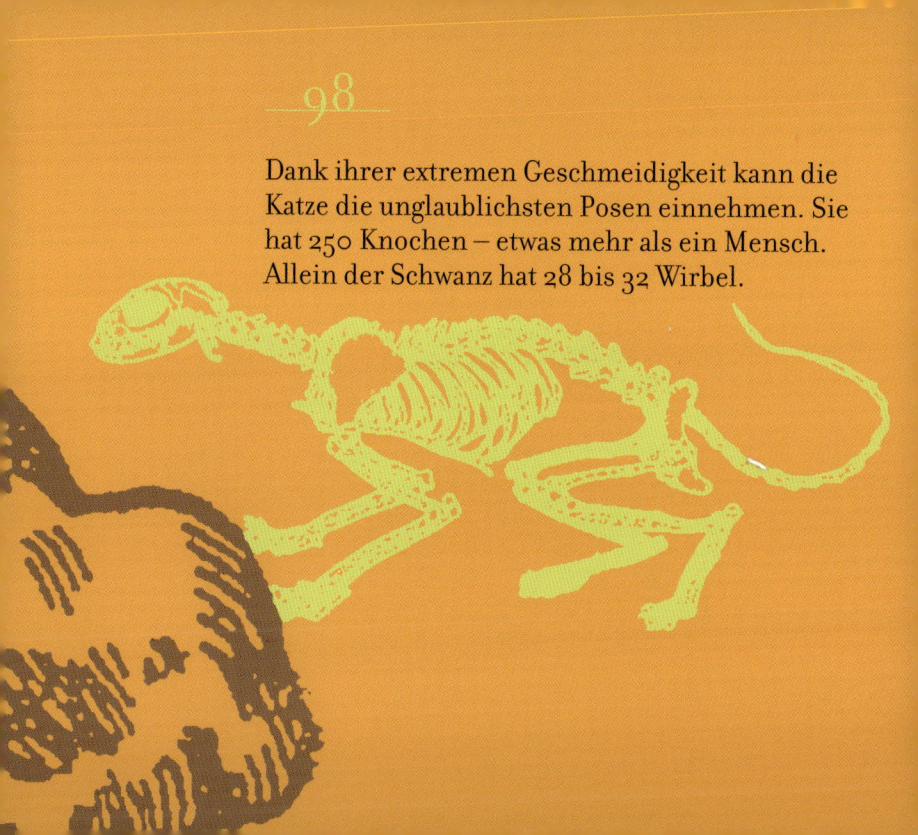

Dank ihrer extremen Geschmeidigkeit kann die Katze die unglaublichsten Posen einnehmen. Sie hat 250 Knochen – etwas mehr als ein Mensch. Allein der Schwanz hat 28 bis 32 Wirbel.

99

»Versonnen nehmen sie die edlen Haltungen
der großen Sphingen ein, die ausgestreckt in tiefen
Einsamkeiten ruhen und zu entschlummern
scheinen in endlosem Traum.«

CHARLES BAUDELAIRE

100

»Von Zauberfunken sprüht die trächt'ge Lende,
Und goldner Splitter Spreu, wie feiner Sand,
Besternt das Weltgeheimnis der Pupillen.«

CHARLES BAUDELAIRE

101

Wir wundern uns, dass die Katze stets miauend an der Tür steht und hinein oder hinaus will. Eine Tür, ob offen oder geschlossen, stellt für sie ein geradezu existenzielles Problem dar!

102

»Wenn man sich mit einer Katze einlässt, riskiert man lediglich, bereichert zu werden.«

COLETTE

103

»Würde die blaue Perserkatze Mignapour eine Wolke werden, so würde sie zur Familie der Kumuluswolken gehören.«
LEONOR FINI

104

Katzen sind höflich. Durch Schnurren
bringen sie Glückwünsche, Bitten oder
Begrüßungen zum Ausdruck: *Mr-br* macht
die Katze, wenn sie schnurrt. Mit *e-mr*
drückt sie eine Bitte, mit *me* ein Dankeschön und mit *mmr* einen Gruß aus.

105

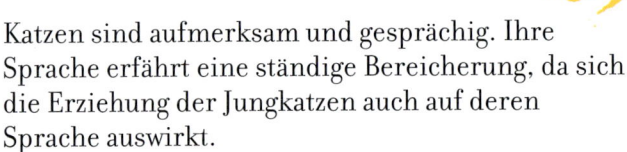

Katzen sind aufmerksam und gesprächig. Ihre
Sprache erfährt eine ständige Bereicherung, da sich
die Erziehung der Jungkatzen auch auf deren
Sprache auswirkt.

106

Die Sprache der Katze ist eine wahre Symphonie, der man aufmerksam lauschen muss. Je nach Gemütszustand hat sie verschiedene Ausdrucksmöglichkeiten: Durch Stöhnen zeigt sie, dass sie wütend ist. Kehlige Laute drücken Angst aus, schrilles Miauen Schmerz.

107

»Eine ganz schwarze Katze, die lautlos
auftaucht und dieselbe Vorsicht an den Tag
legt wie die Apachen in den Wäldern der
Neuen Welt.«
PIERRE LOTI

Eine »Heilige Birma« sein Eigen zu nennen ist eine große Ehre! Schließlich bewachte die Birmakatze einst die heiligen Tempel. Als der Priester Mun-Ha von thailändischen Kriegern angegriffen wurde, veränderte die Katze ihr Erscheinungsbild: Ihr Fell wurde so weiß wie das Haupthaar des buddhistischen Mönches. Und von der Tempelgöttin lieh sie sich die blaue Farbe ihrer Augen.

109

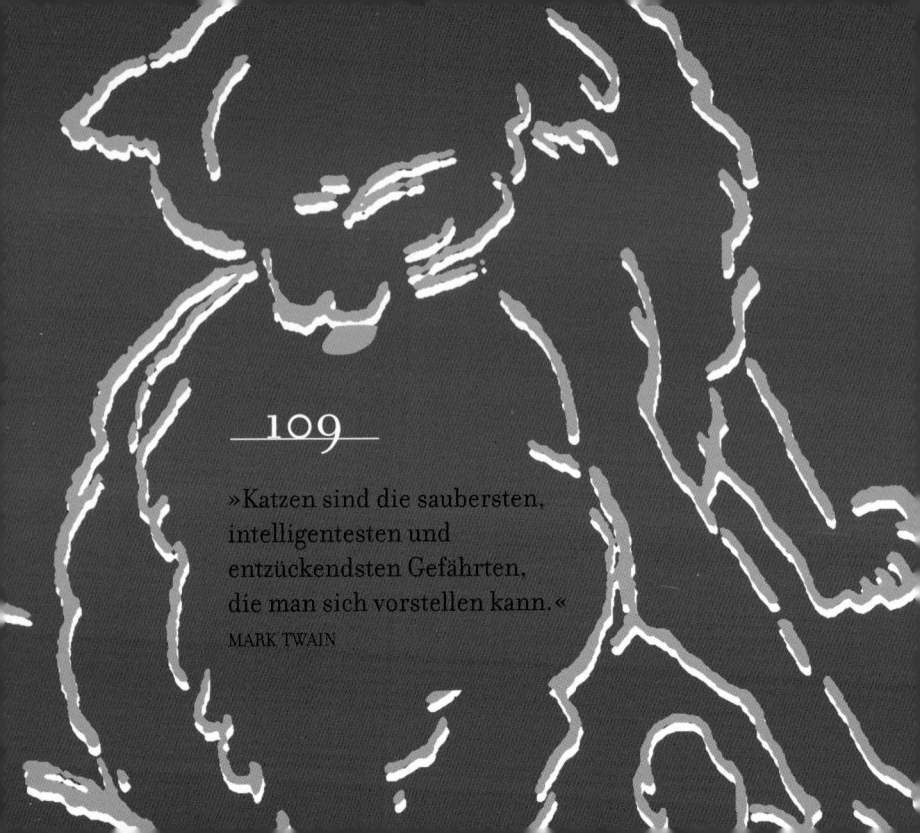

»Katzen sind die saubersten, intelligentesten und entzückendsten Gefährten, die man sich vorstellen kann.«
MARK TWAIN

»Wer eine Katze hat,
braucht das Alleinsein nicht zu fürchten.«
DANIEL DEFOE

111

Die Katze versteht sich auszudrücken und hat uns gewiss tausend Dinge zu sagen. Indem sie den Mund öffnet, stellt sie den Kontakt zur Außenwelt her. Sie verhält sich wie ihre Vorfahren, die von den alten Ägyptern verehrt wurden. Bei der Mumie musste der Mund stets geöffnet bleiben, um den Austausch zwischen Diesseits und Jenseits zu erleichtern.

112

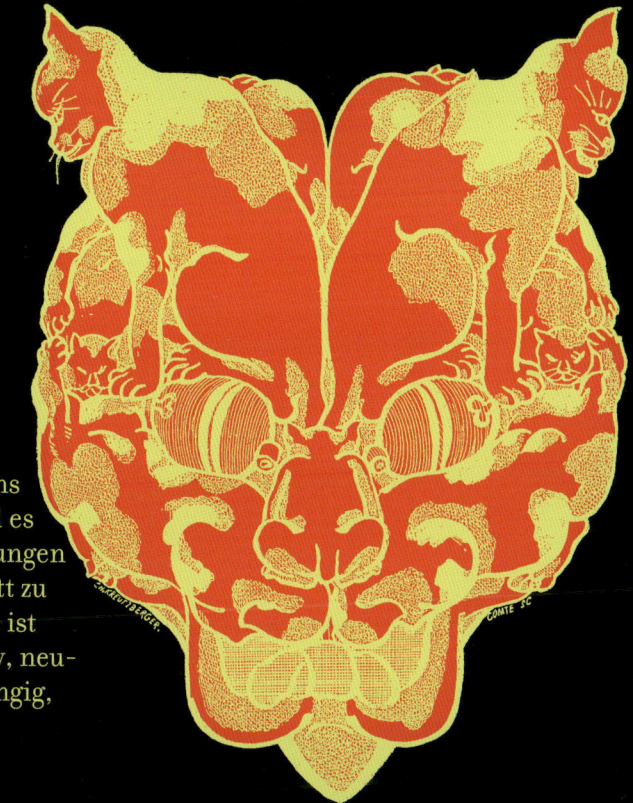

Die Katze ist uns ein Rätsel, weil es noch nicht gelungen ist, sie komplett zu definieren. Sie ist sanft, aggressiv, neugierig, unabhängig, rätselhaft.

113

Die American Curl bezaubert mit ihrem ungewöhnlichen Erscheinungsbild. Diese Katze stammt aus den USA und erregt vor allem durch ihre gekräuselten, nach hinten gebogenen Ohren Aufmerksamkeit.

114

Die American Curl hat es faustdick hinter den Ohren, und die Kinder haben ihre helle Freude an ihr. Die schelmische und unermüdliche Katze ist für sie ein idealer Spielkamerad. Doch aufgepasst: Auf keinen Fall sollten unsere Kleinen die Ohren einer American Curl berühren!

115

Alle Liebhaber der Perserkatze können der Türkisch Angora danken. Schließlich hat sie zur Entwicklung der »Königin aller Katzen« beigetragen: Von ihr stammt das Gen, das für das lange Fell sorgt. Deshalb hat sich die Perserkatze so stark ausgebreitet, dass sie die Türkisch Angora, die nach dem Zweiten Weltkrieg fast ausgestorben wäre, verdrängt hat.

116

Die Türkisch Angora mit ihrem halblangen Fell hat sich dem menschlichen Alltag gut angepasst. Dennoch galt diese alte Rasse, die den früheren Namen der türkischen Hauptstadt trägt, dereinst als aristokratisch und war am französischen Königshof sehr beliebt.

117

Der Blick der Katze fasziniert
uns, doch er ist nicht immer
leicht zu deuten. Man muss
nämlich aus den vier
»Grundsignalen«, die eine
Veränderung ihrer Pupillen
bewirken, den exakten Ausdruck
entschlüsseln.

118

Die Lichteffekte in den Augen der Katze darf man nicht mit jenen verwechseln, die von deren Stimmungslage herrühren. Beide Effekte führen dazu, dass sich die Pupillen weiten oder verengen.

__119__

»Die Katze ist ganz Geist,
ganz Dämon, ganz
Wachheit und Witz.«

THEODOR LESSING

120

Die Schönheit des Fells ist eine Art Belohnung für den Katzenbesitzer. Dabei spielt die Ernährung eine ebenso wichtige Rolle wie die Gene und Umwelteinflüsse.

121

Die Burmakatze hat goldgelbe Augen und ein seidiges Fell. Sie stammt von der Tonkanese ab. Ihre Silhouette variiert nach englischem oder amerikanischem Typus. Beiden gemeinsam ist das Zobelfell – prächtig, dicht, glänzend und von brauner Farbe mit subtilen Schattierungen, mitunter aber auch blau oder lila.

122

Die »Chartreux«, die Kartäuserkatze, trägt ihren Namen aus
zweierlei Gründen: Ihr Fell, das an eine aus Spanien importierte
Wollsorte erinnert, wurde früher »Kartäuserwolle« genannt.
Und im Jahr 1558 nahmen die Mönche der Grande Chartreuse
eine Katze auf, die in den Alpen jagte: die »Kartäuserkatze«.

123

»Vielleicht wäre es gut, wenn die
Welt von Katzen regiert würde.
Dann gäbe es in den höchsten
Ämtern endlich genügend Klugheit,
Instinkt, Einfühlungsvermögen,
Beharrlichkeit
und Energie.«

ANNA MAGNANI

124

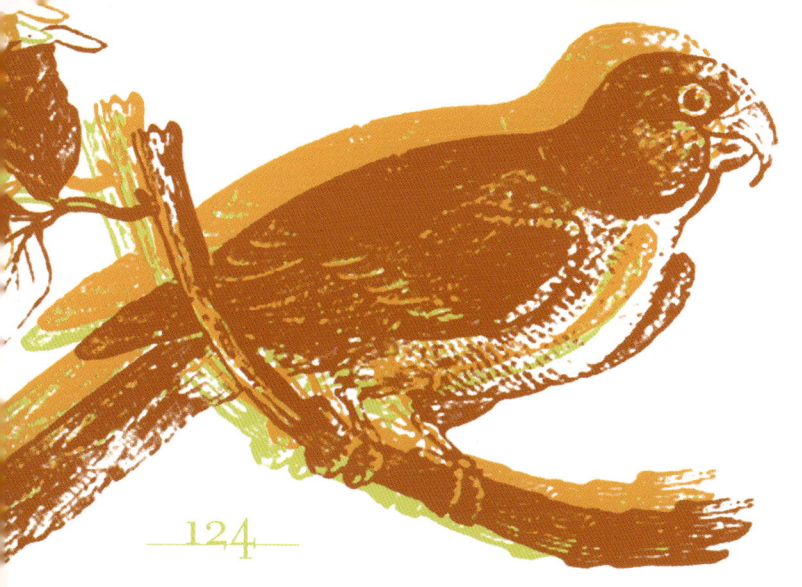

»Sie war ein eigenwilliges Tier, das nur dann aktiv war,
wenn es Lust dazu hatte. Es gab Wochen, in denen Mirou
tagelang stumm blieb, und andere, in denen sie wie ein
Papagei drauflosquasselte. Mirou redete in der Sprache
der Götter und in Almanach-Versen.«

JEAN LORRAIN

125

Sie ist der Champion innerhalb des Katzenvolks. Keine Katze ist cleverer als die ehemalige gewöhnliche Hauskatze, die 1983 zur Europäisch Kurzhaar »geadelt« wurde: Sie wurde als eigenständige Rasse anerkannt und als »frei von jeder Rasse« definiert. Doch laut Standard genießt sie nicht dieselben Freiheiten wie die normale Hauskatze. Denn die Augenfarbe muss zu ihrem Fell passen.

126

Wer eine Europäische Kurzhaarkatze möchte, hat die Wahl zwischen getigert, gefleckt oder weiß. In diesem Fall kann die Katze entweder blaue oder verschiedenfarbige Augen haben. Es gibt darunter auch Van-Katzen mit einem Weißanteil von bis zu 75 Prozent und Harlekin-Katzen, bei denen die Flecken weiß umrahmt sind.

127

»Wenn Tiere sprechen könnten, wäre der Hund ein ehrlicher Kamerad, der unverblümt seine Meinung herausbellt, während die Katze den Charme besitzt, nie ein Wort zuviel zu sagen.«
MARK TWAIN

128

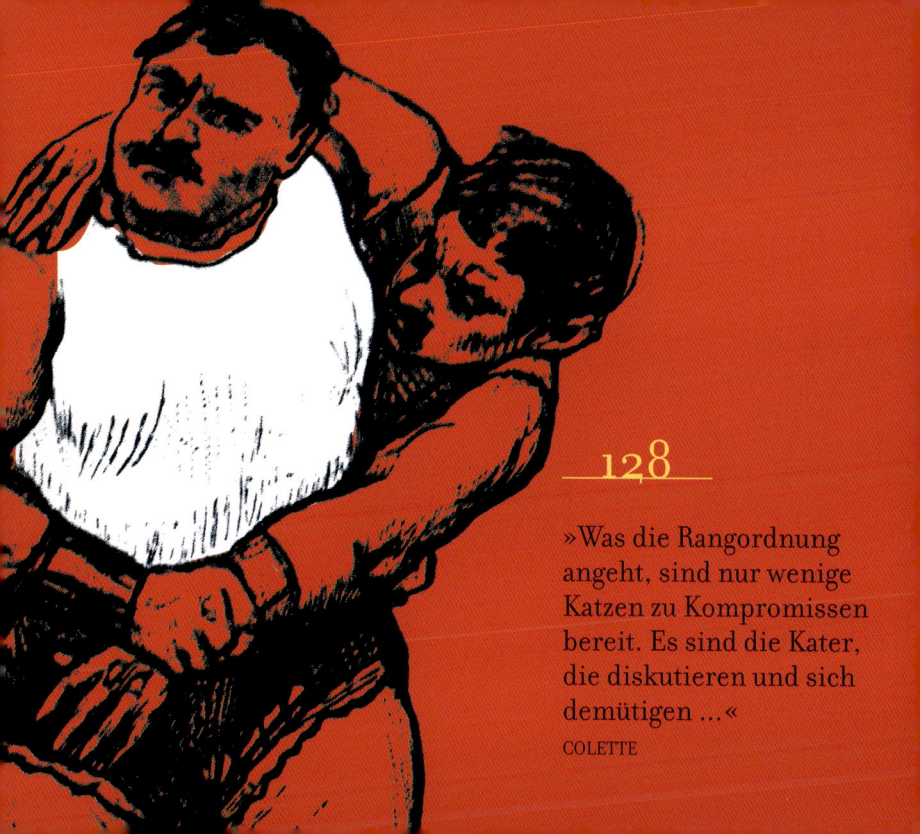

»Was die Rangordnung angeht, sind nur wenige Katzen zu Kompromissen bereit. Es sind die Kater, die diskutieren und sich demütigen ...«
COLETTE

129

»Sogar die
kleinste Katze
ist ein
Meisterwerk.«

LEONARDO DA VINCI

»Er bedauerte es bisweilen, keine Katze zu sein, um sein Leben in so guter Gesellschaft verbringen zu können. ›Ach!‹ sagte er zur Weißen Katze, ›wie schmerzlich wird es sein, euch zu verlassen!‹«

MADAME D'AULNOY

131

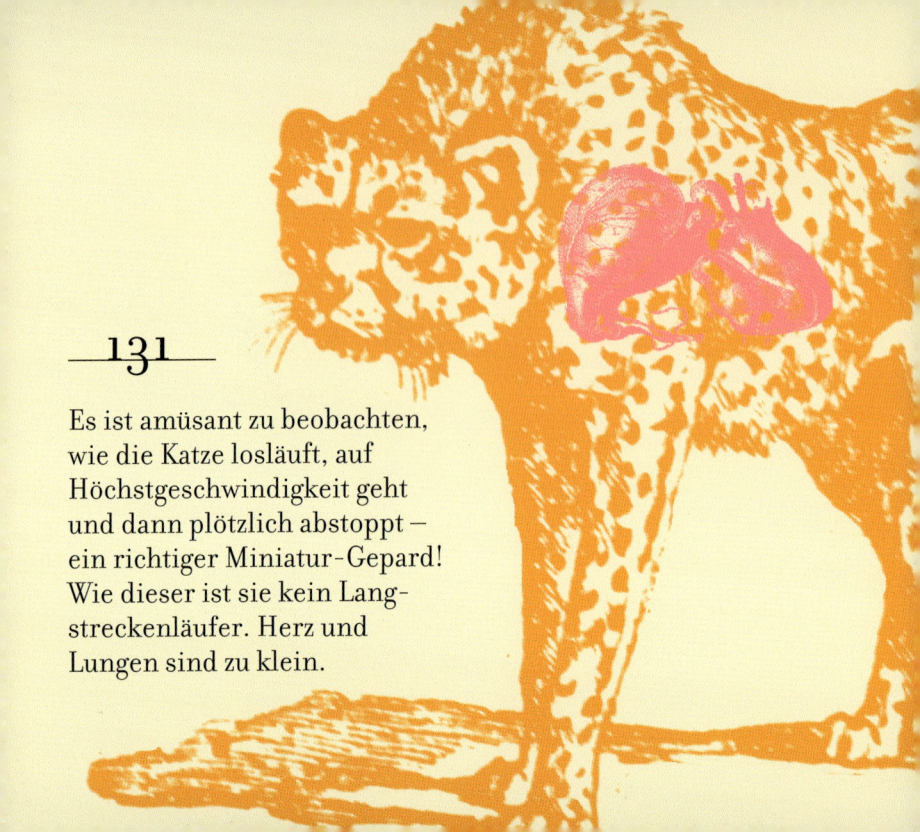

Es ist amüsant zu beobachten, wie die Katze losläuft, auf Höchstgeschwindigkeit geht und dann plötzlich abstoppt – ein richtiger Miniatur-Gepard! Wie dieser ist sie kein Langstreckenläufer. Herz und Lungen sind zu klein.

132

Keine Panik, wenn sich die
Katze hoch oben auf den
Dächern tummelt! Sie hat
einen hervorragenden
Gleichgewichtssinn,
und ihr Schwanz sorgt
für Balance.

133

»Miezel, eine schlaue Katze,
Molly, ein begabter Hund,
Wohnhaft an demselben Platze,
Hassten sich aus Herzensgrund.«
WILHELM BUSCH

»Auf der Strohmatte zusammengekrümmt, schlafend, lag ein Kater, der wirklich in seiner Art ein Wunder von Schönheit zu nennen. Die grauen und schwarzen Streifen des Rückens liefen zusammen auf dem Scheitel zwischen den Ohren und bildeten auf der Stirne die zierlichste Hieroglyphen-schrift.«

ERNST THEODOR
AMADEUS HOFFMANN

135

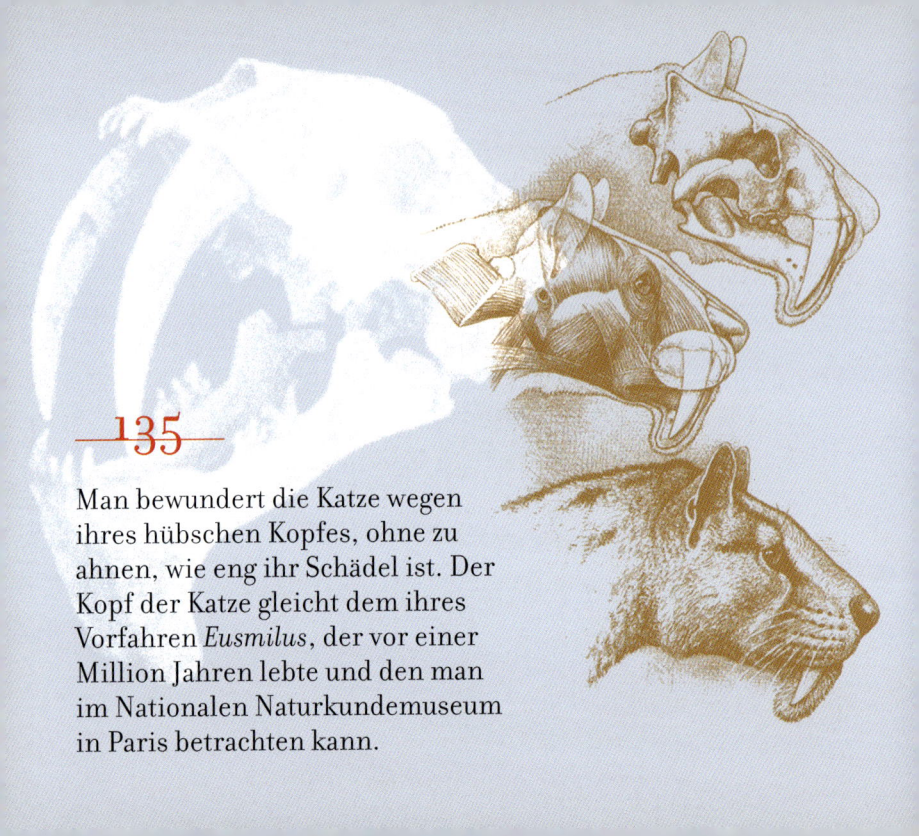

Man bewundert die Katze wegen ihres hübschen Kopfes, ohne zu ahnen, wie eng ihr Schädel ist. Der Kopf der Katze gleicht dem ihres Vorfahren *Eusmilus*, der vor einer Million Jahren lebte und den man im Nationalen Naturkundemuseum in Paris betrachten kann.

136

Unsere Hauskatze ist von faszinierender Eleganz. Kein Wunder, sie ist schließlich eng verwandt mit *Felis silvestris lybica* (Falbkatze oder Afrikanische Wildkatze) sowie mit *Felis silvestris ornata* (Steppenkatze oder Asiatische Wildkatze). Ob Falb- oder Steppenkatze, beide sind sehr elegant.

137

»Ebenso gestreift und von ganz ungewöhnlicher Länge und Stärke war der stattliche Schweif. Dabei glänzte des Katers buntes Kleid und schimmerte, von der Sonne beleuchtet, so dass man zwischen dem Schwarz und Grau noch schmale goldgelbe Streifen wahrnahm.«

ERNST THEODOR AMADEUS HOFFMANN

»Der Kater träumt nicht allein
sehr lebendig, sondern er gerät
auch, wie deutlich zu bemerken,
häufig in das träumerische
Hinbrüten, in das somnambule
Delirieren.«

ERNST THEODOR AMADEUS HOFFMANN

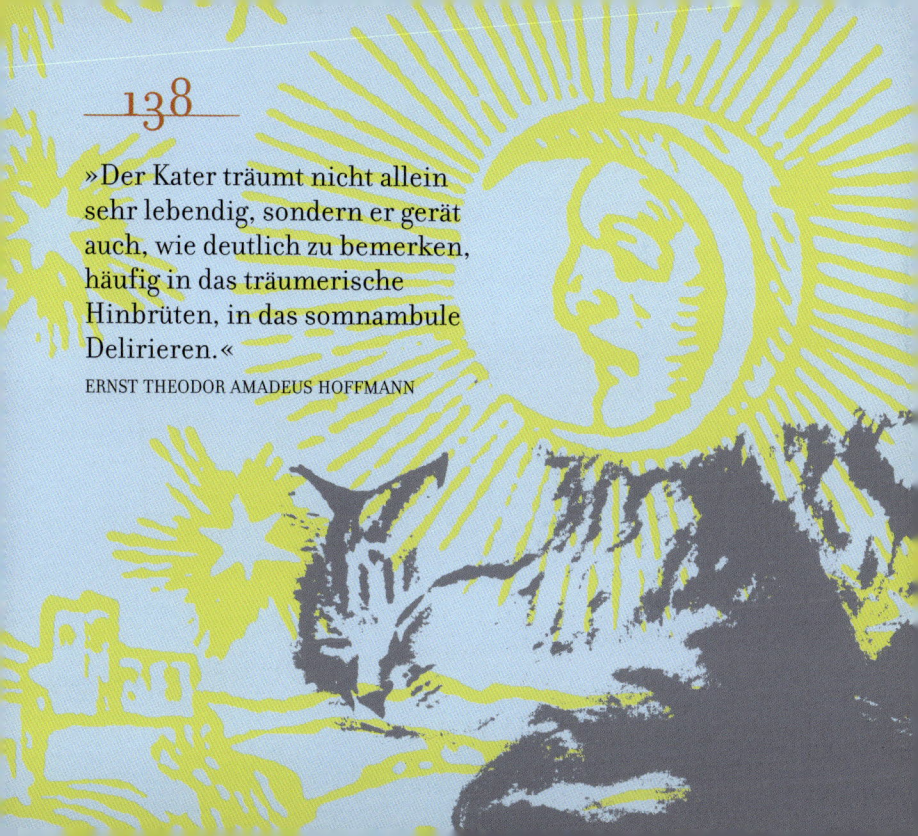

139

Die Katze leistet wertvolle Dienste im Garten, indem sie unermüdlich Wache hält. Sie weiß längst, dass die Vogelscheuche bei den Obstbäumen keine Wirkung hat.

140

Im Garten fungiert die Katze als Sicherheitsbeamter. Sie bewacht die Grenzen ihres Reviers. Nachbarkatzen, die unter dem Zaun durchschlüpfen und im Gebüsch umherstreifen, sollten also auf der Hut sein! Es kann durchaus passieren, dass eine »Polizeikatze« ihnen ein Auge auskratzt oder die Barthaare ausreißt!

14.1

»Er gerät auch in jenen seltsamen Zustand zwischen Schlafen und Wachen, der poetischen Gemütern für die Zeit des eigentlichen Empfanges genialer Gedanken gilt.«

ERNST THEODOR AMADEUS HOFFMANN

142

»Das Tintenfass wird nie leer, wenn es darum geht über Katzen zu schreiben.«

JEAN-LOUIS HUE

143

»Eine Katze in jeder Position
verkörpert Anmut. Ihr Anblick
allein ist Erbauung.«
MAX MARTEN

144

Wenn die Katze aus dem Haus ist,
tanzen die Mäuse auf dem Tisch.

145

Wer mit einer Katze zusammenlebt, empfindet einen gewissen Stolz. Im alten Ägypten genoss die Katze göttliche Verehrung. Die Göttin Bastet wurde mit dem Körper einer Frau und dem Kopf einer Katze dargestellt und galt als Göttin der Liebe und der Fruchtbarkeit.

146

Gibt es einen größeren Liebesbeweis gegenüber der eigenen Katze, als sie für die Ewigkeit zu bewahren? Seit der 22. Dynastie (950 v. Chr.) entwickelte sich in Ägypten die Sitte, Katzen zu mumifizieren. Man umwickelt dazu den Körper der toten Katze mit Bandagen.

147

»Ich brauch, dass mein Haus gedeiht:
Eine Frau, vergnügt und gescheit,
eine Katz, die auf Büchern sich rollte,
Und Freunde zu jeder Zeit, ohne die
ich nicht leben wollte.«

GUILLAUME APOLLINAIRE

148

Was auch immer du als Katze
anstellst, lass es so aussehen,
als sei es der Hund gewesen.

149

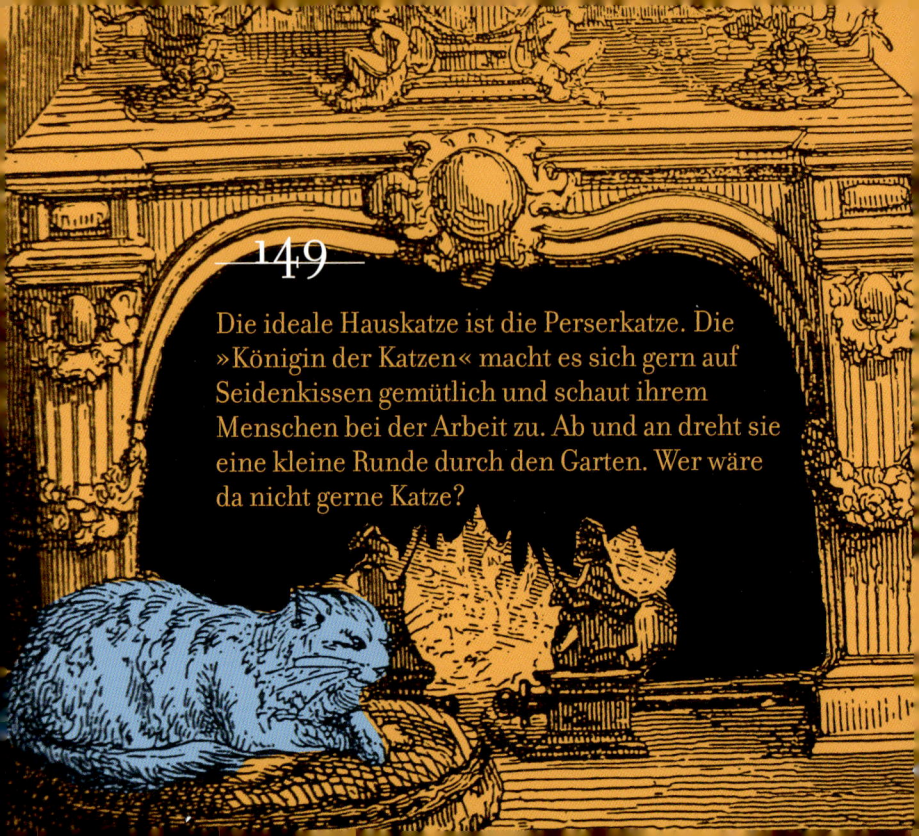

Die ideale Hauskatze ist die Perserkatze. Die »Königin der Katzen« macht es sich gern auf Seidenkissen gemütlich und schaut ihrem Menschen bei der Arbeit zu. Ab und an dreht sie eine kleine Runde durch den Garten. Wer wäre da nicht gerne Katze?

150

Das Fell der Perserkatze lässt auf ihren Charakter schließen.
Katzen mit schwarzem Fell sind eigensinnig, solche mit weißem
Fell gelten dagegen als umgänglich. Hat die Katze ein blaues Fell,
so ist sie folgsam; Schildpatt lässt auf Zähigkeit, Tigerzeichnung
auf Temperament schließen.

151

»Ihre gelben und blauen Augen sind wie Achate: Beim Schnuppern schließt sie sie bisweilen halb, Sie beugt den Körper nach hinten, nimmt ihre Schnauze in die Pfoten – und sieht aus wie ein auf der Seite liegender Tiger.«

EDMOND ROSTAND

152

»Ich habe viele Philosophen und viele Katzen studiert. Die Weisheit der Katzen ist unendlich viel größer.«

HIPPOLYTE TAINE

153

Durch Sterilisation der Katze werden sexuell übertragbare Viruskrankheiten sowie Kämpfe zwischen Katern verhindert. Denn diese Kämpfe können zu erheblichen Verletzungen führen sowie zu Infektionen von Biss- und Kratzwunden.

154

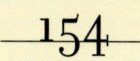

Zahlreiche Organisationen kümmern sich um die Belange der Katzen: der Bundesverband Tierschutz, der Deutsche Tierschutzbund, der Bund der Katzenfreunde, der Verband deutscher Katzenfreunde, der 1. DEKZV (1. Deutscher Edelkatzenzüchter-Verband), Katze & Du (Österreich), STS (Schweizer Tierschutz) und viele andere.

155

Man könnte meinen, man hätte es mit einem Löwen zu tun! Die Maine Coon hat ein dichtes Fell und eine Halskrause, ist hochbeinig und von kräftiger Statur. Und sie ist eine begabte Jägerin von Waldmäusen. Diese amerikanische Rasse ist sehr sanftmütig und strahlt Kraft und Ruhe zugleich aus.

156

Die Maine Coon hat ein prächtiges, seidiges, halblanges Fell. Man muss sich jedoch fünf Jahre gedulden, bis die Katze ihr Haarkleid komplett ausgebildet hat. Dafür ist sie dank ihrer leichten Unterwolle sehr pflegeleicht: Einmal wöchentlich kämmen genügt.

157

»Wie kann man nur Perser sein?«,
fragt Montesquieu in seinen *Persischen
Briefen*. Diese Frage gilt auch für unsere
Perserkatze. Der »König der Katzen« mit
seinem langen Fell ist nur dann zufrieden,
wenn man ihm jeden Tag seine
unumgängliche Körperpflege macht.

158

Die Perserkatze ist einzigartig unter ihren Artgenossen. Unter den 70 Katzenrassen ist sie mit ihrem dichten, 12 bis 13 cm langen Fell die einzige echte Langhaarkatze. Die anderen Rassekatzen sind Kurz- oder Halblanghaarkatzen.

159

Viele lieben die Perserkatze, fürchten aber den täglichen Pflegeaufwand. Aber nichts ist einfacher, als die Katze einmal pro Woche zu baden (mit einem geeigneten Shampoo). Dadurch wird ihr Fell luftiger, und der Haarwuchs wird angeregt. Bürsten braucht man sie dann nur zweimal im Monat.

160

Eine Exotic Shorthair ist die ideale Alternative
für Perserfreunde, denen das tägliche Bürsten
zu aufwendig ist. Diese Rassekatze gleicht dem
Perser in Mimik, Gestalt und Temperament,
und die Pflege des kurzen Fells ist denkbar
einfach. Einmal im Monat bürsten genügt.

161

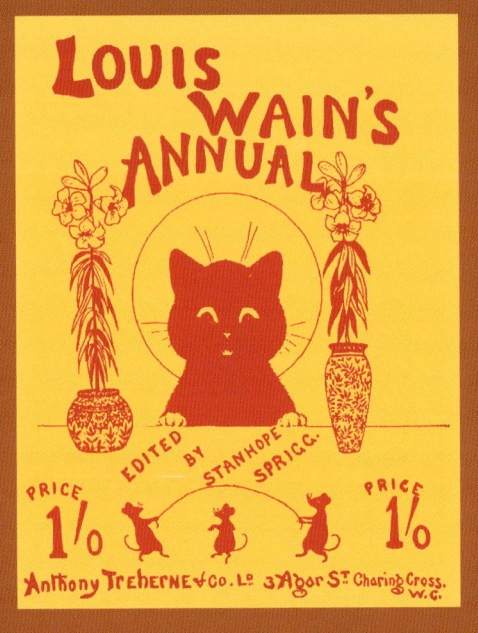

Man kauft keine Katze im Sack.

162

Eine gebrühte Katze scheut auch das kalte Wasser.

163

Die Siamkatze zählt zu den bekanntesten
Katzenrassen. Sie ist berühmt für ihre heisere
Stimme und ihre Redseligkeit, aber auch für die
Pointzeichnung ihres Fells. Dieses ist hell, an den
Extremitäten wie Pfoten, Schwanz, Ohren und
Gesicht (Maske) dagegen dunkel gefärbt.

164

Manche lieben die Gesellschaft von Katzen, die ihrem Menschen wie ein Hündchen folgen, wie etwa die Siamkatze. Sie bildet mit ihrem Menschen ein unzertrennliches Paar, folgt ihm auf Schritt und Tritt, hilft bei der Arbeit und gibt zu allem ihren Kommentar ab.

165

»Eine Katze wählt man nicht aus.
Man wird von ihr auserwählt.«
JACQUES LAURENT

166

»Ein Hund ist ein Hund, ein Vogel ein Vogel, eine Katze ist eine Persönlichkeit.«

MUGSY PEABODY

167

Wer Katzen kennt,
muss sie einfach lieben.

168

Seit man Descartes' Theorie von der »Tier-Maschine« verworfen hat, steht die Katze auch bei Intellektuellen in hohem Ansehen.

169

Eine Besonderheit der Kurzhaarkatzen ist ihre Geschwätzigkeit. Besonders Siamkatzen, Orientalkatzen, Burmakatzen und Tonkanesen sind sehr redselig. Doch auch einige Katzen mit halblangem Fell wie etwa die Norwegische Waldkatze haben ein großes Mundwerk.

170

Wenn man seiner Katze sehr viel Aufmerksamkeit schenkt, kann sie ihr Repertoire erweitern. Ihre Sprache umfasst nicht weniger als 63 Laute. Wir nähern uns also der Zahl 100. Es hängt jedoch davon ab, inwieweit die Katze einen Ansprechpartner in ihrem Menschen hat.

Das Spielen der Katze ist nicht ohne Sinn und Zweck. Die Katze trainiert bei dieser Gelegenheit ihre Muskeln und tobt sich aus. Und im zarten Alter von vier bis acht Wochen entwickelt sich durch das Spiel ihre Intelligenz.

172

Bei einigen Katzenrassen führen die Namen in die Irre. So stammt die Abessinierkatze nicht aus Abessinien, sondern aus Großbritannien, und das Ursprungsland der Somalikatze, der langhaarigen Variante der Abessinierkatze, ist nicht Somalia, sondern sind die USA!

173

»In der Katze hat man einen guten Freund und sehr angenehmen Gesellschafter, einen großartigen Pantomimen, einen geborenen Astrologen, einen begnadeten Musiker, kurz, die Vereinigung aller Talente und Vorzüge.«

FRANÇOIS-AUGUSTIN PARADIS DE MONCRIF

174

»Es gibt keinen Zweifel daran, dass die Katzen bei Gesellschaften, Theateraufführungen, Spazierfahrten, auf Tanzbällen, ja sogar in Akademien zugelassen und gefragt sein werden.«

FRANÇOIS-AUGUSTIN PARADIS DE MONCRIF

175

»Katzen, diese Wesen, haben die unmenschliche Geduld der Erde. Da ist ein Jahr, was für den Menschen nur eine Sekunde.«
CHRISTIAN MORGENSTERN

176

Bei der Orientalkatze hat man die Qual der Wahl, da ihr Fell eine Vielfalt an Farben und Zeichnungen aufweisen kann. Es gibt sage und schreibe 400 Varianten. Die Palette reicht von klassischen und schlichten Farben wie *chocolate* bis zu zimtfarben, einem eleganten *silver tabby*, einem schimmernden *apricot* und vielen weiteren Färbungen.

177

Die Katze lässt uns den Alltag für eine gewisse Zeit vergessen – vor allem, wenn sie aussieht, als käme sie von einem anderen Planeten, wie etwa die Sphinx. Diese Katze erinnert mit ihrem unsichtbaren Flaum, dem Vollmondgesicht und den zitronenförmigen Augen ein wenig an ein außerirdisches Wesen.
Ihr Spitzname?
E.T.

178

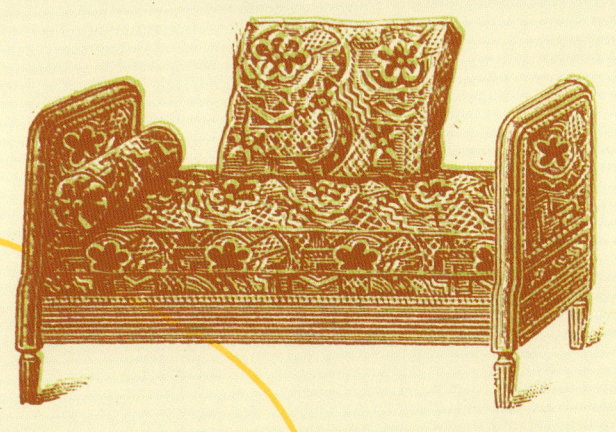

Die Sphinx ist überaus beliebt. Sie versöhnt auch all
diejenigen mit dem Katzenvolk, die sich über Katzenhaare
auf Teppichen und Sofas ärgern. Die haarlose Sphinx wird
auch »Nacktkatze« genannt. Sie ist jedoch von einem
zarten Flaum bedeckt und hat manchmal auch spärliche
Schnurrhaare. Aber abstehende Haare wird man bei ihr
vergeblich suchen.

179

Unsere Miezekatze hat zahlreiche
Musiker und Komponisten inspiriert,
etwa Jules Massenet, Edvard Grieg,
Darius Milhaud in seinem Klavierstück
Le Chat oder Erik Satie.

180

Katzen brauchen furchtbar viel Musik,
Musik und ein ganz kleines Stück vom
ganz großen Glück und noch mehr!
Jedermann liebt Katzenmusik und
pfeift gleich mit. Die and're Musik
ist nur Verschnitt!

181

Eng ans Gesicht angelegte Schnurrhaare und flach zur Seite gelegte
Ohren signalisieren Angst.

182

Für den Anblick einer Katze können wir uns sofort begeistern. Aber was wissen wir über ihre Stimme? Bei der Siamkatze ist sie rau, bei der Ragdoll und der Maine Coon kaum hörbar, bei der Norwegischen Waldkatze melodiös. Manchmal handelt es sich nicht um ein Miauen, sondern eher um eine Art Bellen. Die Sphinx etwa hat die Stimme eines Hundes und macht bei ihren zahlreichen Äußerungen eifrig davon Gebrauch.

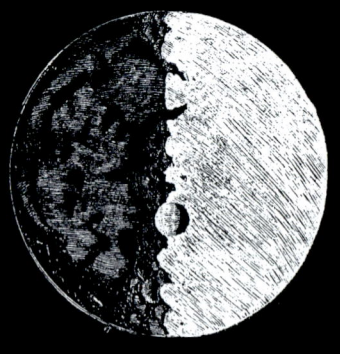

183

Es ist faszinierend, die
Augen der Katze bei
Dunkelheit zu beobachten.
Die Pupille ist dann rund
wie ein schwarzer Mond.
Diese erweiterte Pupille
sieht man auch am Tag,
wenn die Katze erregt ist.

184

Betrachtet man die Augen der Katze bei Helligkeit, so erkennt man nur einen senkrechten Schlitz. Diese Verengung der Pupille ist auch dann zu beobachten, wenn die Katze ihre Verteidigungshaltung einnimmt.

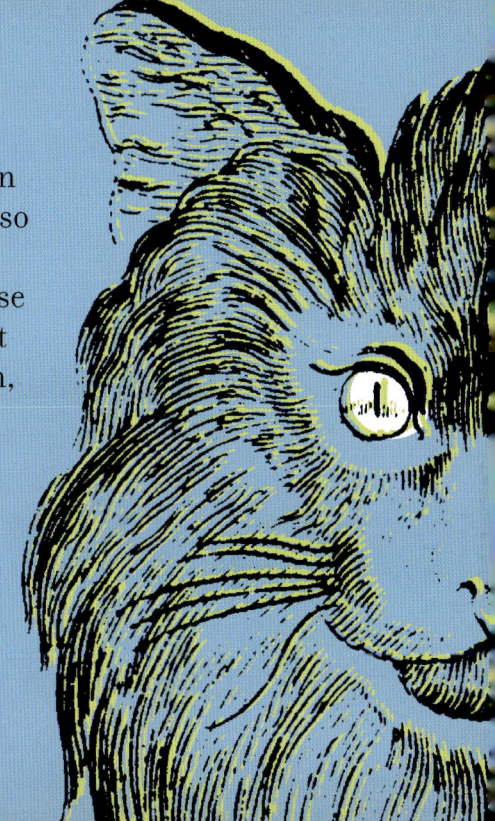

185

Es kann einem Angst und Bange werden, wenn man sieht, wie die Katze auf einem Gartenzaun oder entlang der Dachrinne eines Hauses balanciert! Da bricht manchen der Angstschweiß aus. Nicht aber der Katze – sie kennt keine Schweißfüße.

186

Die Katze gehört zu den wenigen
Säugetieren, die an Dachrinnen
entlanglaufen können. Das liegt daran,
dass sie nicht das starre Schlüsselbein
der Zweibeiner besitzt. Ihre Pfoten sind
durch Muskeln direkt mit der Brust
verbunden.

187

»Je sorgloser der Mensch den Herrn der Erde und aller seiner Tierdiener spielte, desto unheimlicher war ihm die einsame Würde der großen, freien Raubkatzen.«

AXEL EGGEBRECHT

»Ich liebe Katzen, weil ich mein Zuhause genieße und sie im Laufe der Zeit dessen sichtbare Seele werden.«

JEAN COCTEAU

_189

Im Leben sowie beim Gehen leistet sich die Katze keinen falschen Schritt. Sie bewegt die rechte Hinterpfote nach vorn, dann die rechte Vorderpfote, anschließend die linke Hinterpfote und dann die linke Vorderpfote und so weiter. Ihr Gang hat die Präzision eines Metronoms.

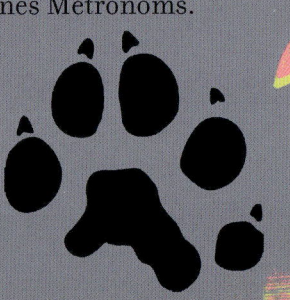

190

Die Katze weist die Leichtigkeit und die Anmut einer Tänzerin auf. Sie geht auf den Fußspitzen. Dabei setzt sie nur die Zehen auf, nicht die ganze Fußsohle wie der Bär, ein etwas tollpatschiger Sohlengänger.

191

Wer eine Katze in ihrer Seelenruhe sieht, lässt sich garantiert von dieser Stimmung anstecken. Man braucht nur ihre entspannten Schnurrhaare zu betrachten, um zu erahnen, in welcher Glückseligkeit die Katze schwelgt.

192

Welche Kraft und Sicherheit strahlt die Katze aus, wenn sie auf der Lauer liegt! Sie hockt da, zusammengekauert, mit rundem Rücken und peitschendem Schwanz. Beim geringsten Anzeichen von Gefahr flitzt sie blitzschnell davon.

193

Die Katze verblüfft uns mit ihrem sensiblen Geschmack.
Hat sie auch nur den geringsten Verdacht, dass die
Nahrung verdorben sein könnte, wendet sie sich
angewidert ab. Lieber ein knurrender Magen als etwas
Unappetitliches fressen!

194

In punkto Futter kann man der Katze nichts vormachen. Bei der Auswahl ihrer Nahrung lässt sie sich vom Geruch leiten. Sie schnuppert am Teller, um das servierte Futter zu testen, und wird nur dann davon kosten, wenn der Duft sie überzeugt. An ihrer Entscheidung ist nicht zu rütteln.

195

Eine Katze im Haus hat einen großen Vorteil: Man hat in ihr nicht nur einen Ordnungshüter, sondern auch einen Amtsdiener. Um zu überprüfen, ob alle Gegenstände an ihrem Platz sind – die Katze gehört schließlich zum festen Inventar –, streift sie ständig zur Bestandsaufnahme durchs Haus.

196

Anders als Wände haben Türen keine Ohren. Dennoch rebelliert die Katze lautstark hinter einer Tür, die ihr die Sicht versperrt und ihrer Freiheit im Weg steht.

197

Die Katze mag es nicht, wenn man ihr im
Garten ins Gehege kommt. Sie macht Jagd
auf Maulwürfe, Waldmäuse sowie das gesamte
Kleingetier, das Unordnung in
unsere Blumenbeete
bringt.

198

Die Katze hat ihre einstige Rolle als Retterin in der Not nicht vergessen. Früher verlangte man von ihr, Ratten zu jagen bis zum Überdruss, um eine Pest zu vermeiden. In der Natur übt sie auch weiterhin ihre alte Tätigkeit als Jägerin aus – zum Vergnügen und, wer weiß, vielleicht auch aus Pflichtgefühl!

199

Der Garten ist ein Paradies für die Katze. Sie atmet den Lavendelduft, kaut und frisst Gras. Oder noch besser: Sie kostet von der Katzenminze *Nepeta cataria*, die sie regelrecht berauscht, so dass sie euphorisch miaut.

200

Es ist sehr entspannend, dabei
zuzusehen, wie sich die Katze in der
Sonne rekelt. Für sie ist es wie eine
Rückkehr zu ihren Ursprüngen –
sie ist schließlich ein Wüstentier.
Ihr Fell schützt sie vor der Hitze,
doch sie hat auch nichts gegen eine
erfrischende Dusche
einzuwenden und lässt
sich gerne mit
Wasser bespritzen.

201

»Schlaf, allerliebste weiße Katze, schlaf;
Schnurre noch ein wenig, bleibe liegen
und schließe deine goldenen Augen;
Die Mäuse setzen sich an den Tisch
um den guten Kuchenteller herum;
Schlaf, allerliebste weiße Katze mit den
Samtpfoten, und erwache nicht zu früh!«

TRISTAN KLINGSOR

202

Wer mit Katzen spielt,
darf Kratzer nicht scheuen.

203

Der IQ der Katze sorgt für Diskussionen. Verhaltensforscher sind zu dem Schluss gelangt: Die Katze ist sehr aufgeweckt, wenn man sich mit ihr beschäftigt!

__204__

Die Katze profitiert vom Einfluss der Verhaltensforscher,
die Ende des 20. Jahrhunderts manches Vorurteil
revidierten.

205

Wer eine Katze mit *Tabby*-Zeichnung hält, lebt oft mit einer wild aussehenden Mieze zusammen. Sie muss nicht getigert sein. Vielmehr umfasst dieser Begriff die Muster gestromt, getigert und gefleckt.

206

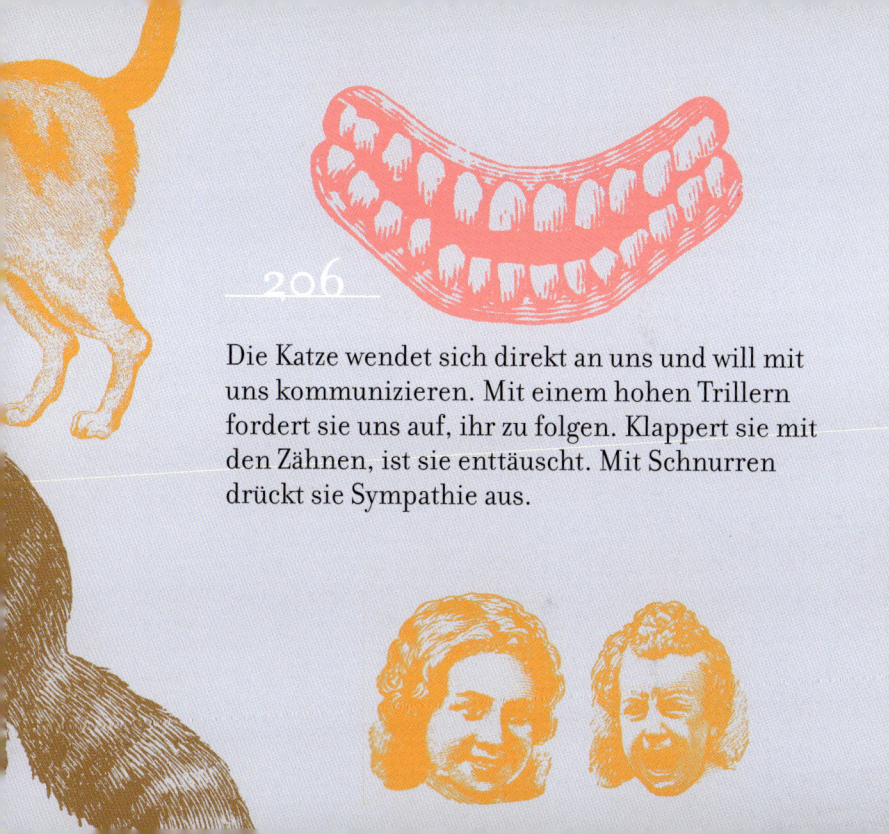

Die Katze wendet sich direkt an uns und will mit uns kommunizieren. Mit einem hohen Trillern fordert sie uns auf, ihr zu folgen. Klappert sie mit den Zähnen, ist sie enttäuscht. Mit Schnurren drückt sie Sympathie aus.

207

»Einer guten Katze
eine gute Ratte.«

JEAN DE LA FONTAINE

208

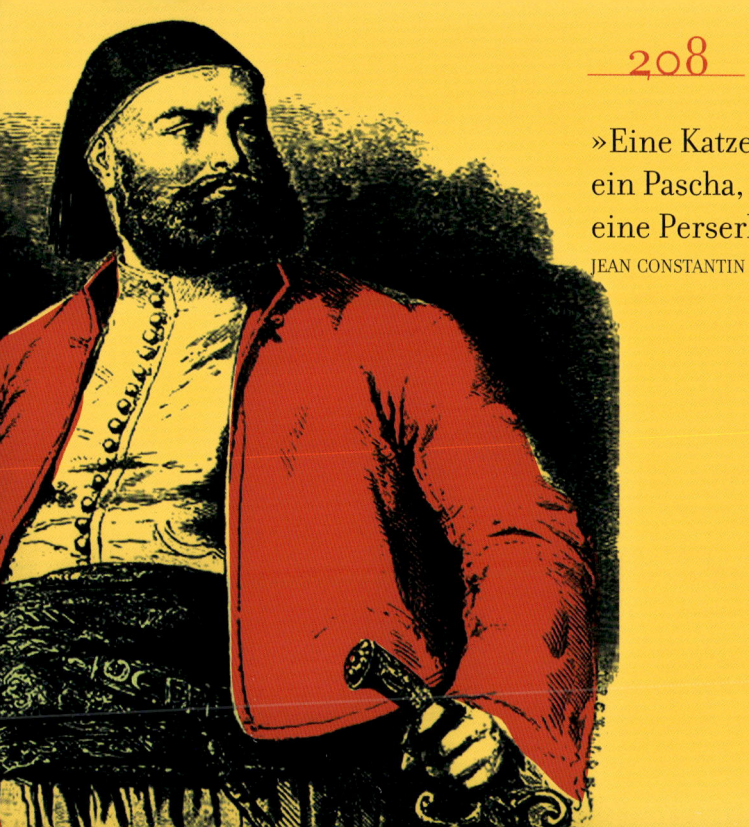

»Eine Katze,
ein Pascha,
eine Perserkatze.«
JEAN CONSTANTIN

209

Sehen manche philosophischen Gemüter in der Katze, einem freien Wesen und Freigeist, eine Repräsentantin der Ordnung? Jedenfalls brechen in ihrer Abwesenheit Chaos und allgemeine Euphorie aus – zumindest wenn man dem Sprichwort glaubt: »Wenn die Katze aus dem Haus ist, tanzen die Mäuse auf dem Tisch.«

210

Schon seit jeher kommt die Katze in zahlreichen Sprichwörtern vor, zum Beispiel: »Die beiden sind wie Hund und Katze« oder »Die Katze aus dem Sack lassen«. Oder: »Eine Katze in Handschuhen fängt keine Mäuse.« Das lässt sich auch auf den Menschen übertragen: Im Beruf muss man oft die Krallen zeigen!

211

So niedlich und verschmust die Katze auch ist, sie ist kein Engel. Die Redewendung »Auch die kleinste Katze kratzt« mahnt zur Vorsicht. Im übertragenen Sinne heißt das, dass auch sanfte Menschen verletzend sein können.

212

Die Katze verfügt über ein reichhaltiges Repertoire an Lauten: Sie miaut, faucht, gurrt und schnurrt. Jedoch hört man sie nie pfeifen. Allenfalls sind beim Atmen manchmal Pfeifgeräusche zu hören, was auf eine Erkältung oder Entzündung hinweisen kann.

213

Wenn der Hund die Stimme seines Herrn ist, so ist die Katze dessen Auge. Nichts entgeht ihrem aufmerksamen Blick, und durch ihre stundenlangen Beobachtungen dient sie ihrem Menschen, falls dieser es wünscht, als Pförtner.

214

Der Hund dient
dem Menschen,
der Mensch
der Katze.

215

Auch das süßeste Kätzchen zieht sich
gelegentlich die Schelte der Katzenmutter zu.
Kätzchen beißen nämlich an allem herum,
und ihre Zähne sind äußerst spitz. Kein
Vergleich jedoch mit dem Vorfahr der
Katze, dem *Smilodon*, der vor 34 Millionen
Jahren lebte. Dieser *Pseudaelurus*, auch
»Säbelzahnkatze« genannt, hatte bis zu
28 Zentimeter lange Fangzähne!

216

Die Katze wurde vom Menschen häufig als ein Gefährte gewählt, der ihn ein Leben lang begleiten sollte. In den Asphaltgruben »Rancho La Brea« in Kalifornien wurden menschliche Knochen gefunden, und zwar in unmittelbarer Nähe des beeindruckenden Schädels einer primitiven Katze.

217

»Wenn ein Fisch die Bewegung des Wassers verkörpert, ihm Form verleiht, dann ist die Katze Diagramm der so viel feineren Luft.«

DORIS LESSING

218

Wer nicht bereit ist, seine Katze zu verwöhnen, bekommt nie den Lohn, den sie dem gewährt, der sie verwöhnt.

___219___

Wir lieben unsere »Samtpfote« heiß und innig. Aber können wir uns eine Vorstellung davon machen, wie ihr Urahn ausgesehen hat? Es war in der Epoche des Eozäns, vor 53 Millionen Jahren. Das Tier war mit kräftigen und gut entwickelten Reißzähnen ausgestattet und wurde »Fissipedia« (Landraubtier) genannt.

220

Viele unter den Mächtigen dieser Welt liebten die Katze. Schon im Ägypten der Antike ist sie von der 11. Dynastie an (2134–1991 v. Chr.) bevorzugte Gefährtin der thebanischen Könige, etwa Mentuhoteps II., der Königin Teje, Gemahlin von Amenophis III., sowie des Prinzen Thutmosis, des älteren Bruders von Amenophis IV.

221

Im Jahr 1620 wurde die Katze auch als Bücherfreundin geadelt, als die Pilgerväter der *Mayflower*, die in Amerika von Bord gingen, die »Library Cat Society« gründeten.

222

In der Seefahrt kam die Katze zu Ehren, indem sie auf den Segelschiffen Ratten jagte. Dank der Katze blieben die Taue und die Vorräte unter Deck unversehrt. Ebenso waren Bücher und Journale während der langen Fahrten vor Nagern geschützt.

223

Um sich die Katze gefügig zu machen und sie zu zähmen, mussten die alten Ägypter sehr viel Feingefühl entwickeln. Dennoch war es eine schwierige Aufgabe. Schließlich gilt unsere Miezekatze noch im 21. Jahrhundert als unabhängig, um nicht zu sagen: ein wenig wild.

224

Um das Zutrauen einer Katze zu gewinnen, gibt es nichts Besseres als ein Haus. Nachdem die Völker Ägyptens sesshaft geworden waren und entlang des Nils Landwirtschaft betrieben, näherte sich die Wildkatze den Siedlungen – und dem Menschen – an.

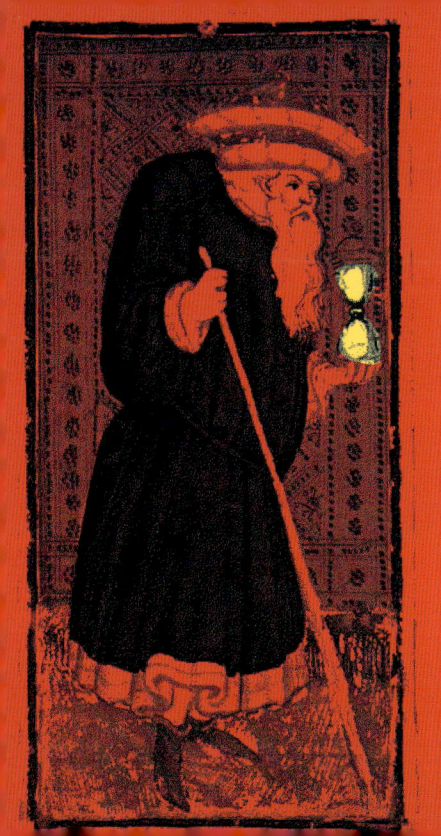

225

»Ich schätze an der Katze den unabhängigen, fast undankbaren Geist, der sie davor bewahrt, sich an irgendjemanden zu binden.«

FRANÇOIS RENÉ DE CHATEAUBRIAND

226

»Die Katze lebt allein, sie hat keinen Bedarf an Gesellschaft. Sie gehorcht nur, wenn sie Lust dazu hat, gibt vor, zu schlafen, nur um umso besser zu sehen.«

FRANÇOIS RENÉ DE CHATEAUBRIAND

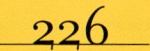

227

Die Siamkatze ist ein ständiger Begleiter des Menschen. Das hochsensible Tier erspürt unseren Gemütszustand. Sie kennt ihren Menschen ganz genau und merkt, wenn er Kummer hat.

228

Die Siamkatze mit ihren saphirblauen Augen ist eine Perle. Sie ist anhänglich und fügt sich bereitwillig den Wünschen ihres Herrn, der sie an der Leine spazieren führt. Die Siamkatze fährt mit in den Urlaub, steigt im Hotel ab und benimmt sich sogar im Restaurant vorbildlich. Sie ist immer zufrieden.

229

»Buffon hat die Katze misshandelt.
Ich arbeite an ihrer Rehabilitierung und
hoffe, aus ihr ein redliches Tier zu machen,
das dem Zeitgeschmack entspricht.«

FRANÇOIS RENÉ DE CHATEAUBRIAND

230

Wer nicht füttern will die Katzen,
Muss ernähren Mäus und Ratzen.

SPRICHWORT

231

Der Geschichtsschreiber Polybios schildert die Belagerung von Pelusium durch den Perserkönig Kambyses II. (4. Jahrhundert v. Chr.). Dabei erwies sich der taktische Einsatz von Katzen als entscheidend. Die Perser postierten sie in der vordersten Kampflinie, worauf sich die Ägypter ergaben, weil sie ihre heiligen Tiere nicht gefährden wollten.

»Wenn ich zufällig einer Katze begegne und sehe, wie sie die Pfoten setzt, den grellen, starren Blick auf mich gerichtet, mit dem sie mich in ein tiefsinniges Gespräch ziehen zu wollen scheint, hebt sich meine Stimmung, wie tief sie auch gesunken sein mag.«

RICARDA HUCH

233

Die Katze stand im Fernen Osten in hohem Ansehen. Die buddhistischen Mönche zogen die Kätzchen auf, die später die Tempel bewachen sollten. Wer schon von Geburt an in solch guten Händen war, musste ja zwangsläufig den Weg der Tugend beschreiten!

234

Im Land der aufgehenden Sonne wird die Katze sehr geschätzt und gilt als Glücksbringer. Die Pose der Maneki-Neko, deren Statue am Eingang des ihr geweihten Tempels steht, ist sehr aussagekräftig: Die sitzende Katze hebt grüßend eine Pfote und weist den Weg der inneren Ruhe.

235

Die Verdienste der getigerten Katze, in Italien auch »syrische Katze« genannt, wurden von dem florentinischen Agrarwissenschaftler Giovan Soderini (1526–1596) hoch gepriesen. Zu dieser Zeit hatte die Katze bereits die Zibetkatzen und Wiesel verdrängt.

236

Eine Katze, die einen Vogel angreift, mag grausam erscheinen. Doch mit ihren scharfen Fangzähnen und Krallen, mit denen sie Nagetiere und Vipern erlegte, hat sie dem Menschen einen großen Dienst erwiesen.

237

Die Katze verfügt über
eine erstaunliche
Beobachtungsgabe.
Das blieb auch dem
Schriftsteller Jules
Champfleury, einem
Experten für
Katzenpsychologie,
nicht verborgen.
In seinem Werk
Die Katzen (1869)
vergleicht er die
Gedanken der Katze
mit denen des
Menschen.

230

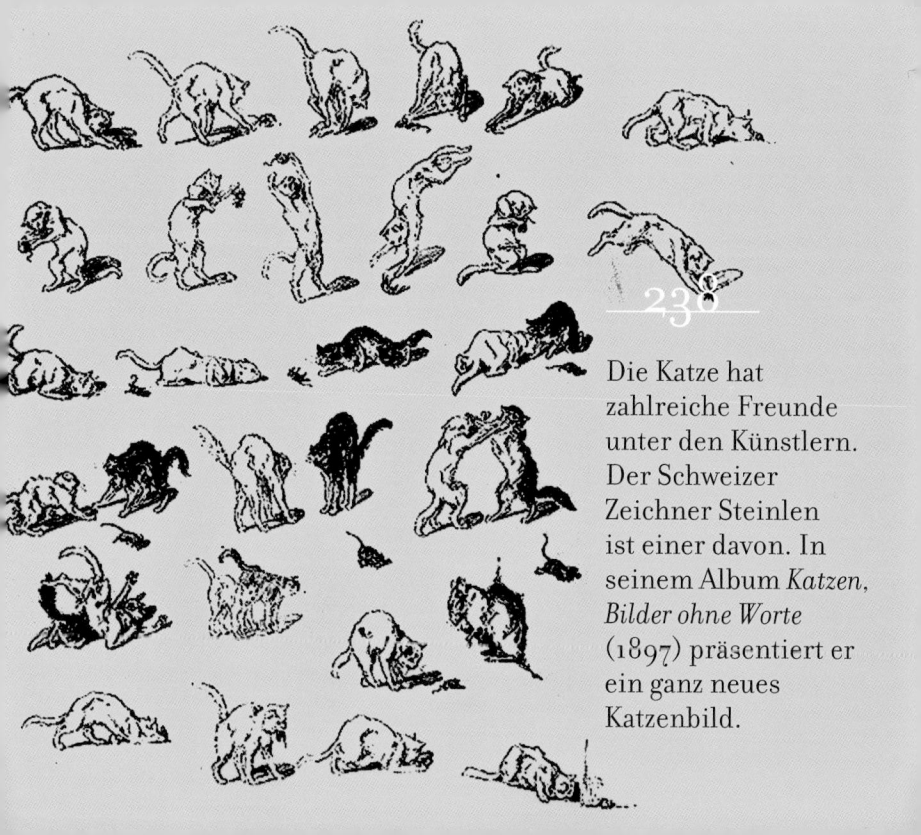

Die Katze hat zahlreiche Freunde unter den Künstlern. Der Schweizer Zeichner Steinlen ist einer davon. In seinem Album *Katzen, Bilder ohne Worte* (1897) präsentiert er ein ganz neues Katzenbild.

239

Der Status der Katze hat sich gewandelt: Nur noch wenige Katzenhalter sehen in ihr die Mäusejägerin. 66 Prozent betrachten sie als Familienmitglied.

In den Chansons des französischen Sängers Jacques Brel hat die Katze eine philosophische Bedeutung. In *Die Bigotten* besingt er die Zeit und die Existenz: »Sie altern hin mit kleinen Schritten / Von Hündchen bis Miezen unbestritten / Die Bigotten.« Und *Die Alten* ist ein Lied über den Tod geliebter Wesen: »Die kleine Katze ist tot, der Muskatwein am Sonntag bringt sie nicht mehr zum Singen.«

241

Die Katze taucht in vielen
Kinderliedern und -reimen auf.
Zum Beispiel:
»Miesekätzchen Miese,
wovon bist du so griese?
Ich bin so griese, bin so grau,
ich bin das Kätzchen Griesegrau.«

242

Die Katze ist nicht nur die Muse zahlreicher klassischer und zeitgenössischer Komponisten, sondern sie signiert auch selbst musikalische Werke! Die *Fugatta del gatto* (1729) stammt sozusagen aus ihrer Feder, da es nichts anderes ist als die Niederschrift der Musik einer Katze, die auf dem Cembalo ihres Herrn – des berühmten Scarlatti – umherspaziert!

243

Wie alle Katzen, liebt die Sphinx ihren Menschen genauso wie ihr Zuhause. Sie fühlt sich in der Wohnung derart wohl, dass sie sich dort ein richtiges Paradies schafft.

— 244 —

Die Sphinx hat nur Augen für ihren Gott, das heißt für ihr Herrchen oder Frauchen. Ihr Blick ist unglaublich intelligent und betörend.

245

Die Katze selbst ist schon Musik. Nicht nur durch die Töne, die sie von sich gibt, sondern auch durch ihren Körper. Im alten Ägypten wurde sie mit der Cister assoziiert, dem Symbol der Musik und Emblem der Isis, der Göttin der Fruchtbarkeit und der Liebe.

246

Die Katze verfügt über eine melodiöse
Stimme, ein musikalisches Gehör und
einen Körper wie ein Violinschlüssel.

247

Mit der Redewendung »Musik mildert die Sitten« wären unsere Katzen bestimmt nicht einverstanden. Die zu Beginn des 19. Jahrhunderts erfundenen »Katzenorgeln« waren reine Tierquälerei: Katzen wurden in enge Kästen gesperrt, nur der Schwanz schaute heraus, so dass man im Takt daran ziehen konnte – eine tolle »Katzenmusik«!

248

»Entweder ihr werdet Mädchen,
oder ihr verwandelt mich in
eine Katze!«
MADAME D'AULNOY

249

»Sie haben die Kühe beleidigt. Sie haben die
Gorillas, die Hühner, die Kälber beleidigt.
Sie haben die Gänse, die Kanarienvögel, die
Schweine und die Hunde beleidigt.
Die Katzen – das haben sie
nicht gewagt.«

JACQUES PRÉVERT

250

In einigen Ländern wird die Katze wegen
ihrer Heldentaten gerühmt. So manches
Mal hat sie sich als Lebensretterin
erwiesen, insbesondere bei Bränden. Die
Katze gilt als der beste Rauchmelder.

251

Die Katze ist von einer vorbildlichen Reinlichkeit. Sie verbringt Stunden damit, Toilette zu machen. Damit ist die Redensart »Katzenwäsche betreiben« in der Bedeutung einer oberflächlichen Körperpflege völliger Unsinn. Schließlich ist die Katze alles andere als ein Waschmuffel!

252

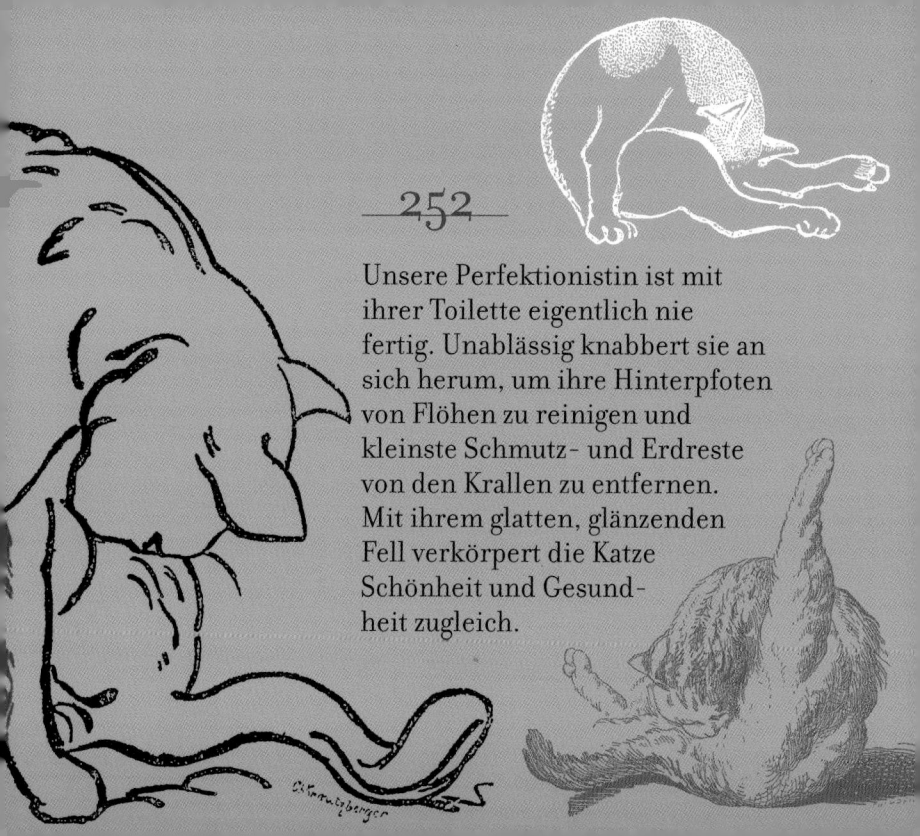

Unsere Perfektionistin ist mit ihrer Toilette eigentlich nie fertig. Unablässig knabbert sie an sich herum, um ihre Hinterpfoten von Flöhen zu reinigen und kleinste Schmutz- und Erdreste von den Krallen zu entfernen. Mit ihrem glatten, glänzenden Fell verkörpert die Katze Schönheit und Gesundheit zugleich.

253

Auch wenn man noch so vernarrt in seine
Katze ist, hat man nicht immer Zeit, ihr das
Futter zuzubereiten. In Europa leben deshalb
rund elf Millionen Katzen von Trockenfutter.

254

Wenn unsere Katze ein Stückchen Kuchen stibitzt, fragen wir uns, warum dieser Fleischfresser so erpicht auf Süßes ist. Des Rätsels Lösung: Zucker weckt bei unserem Kätzchen Erinnerungen an den süßlichen Geschmack des Kolostrums (Vormilch) und der Muttermilch.

255

Für musikalische Ohren klingt das Miau der Katze sehr melodisch. Ein Beweis dafür ist Rossinis *Katzenduett*, in dem mehrere Miau-Laute in unterschiedlichen Tonarten wiederholt werden.

256

Das Miauen der Katze variiert, je nach ihren Bedürfnissen und ihrem Alter. In *L'Enfant et les Sortilèges* von Maurice Ravel, dessen Libretto von der französischen Schriftstellerin Colette stammt, wird das Miauen von Kätzchen, großen, dicken Katern sowie rolligen Katzen musikalisch parodiert.

— 257 —

Im Hinblick auf ihr Futter ist die Katze äußerst wählerisch. Bereits fünf Tage vor ihrer Geburt ist ihr Geschmackssinn dank ihrer Geschmacksknospen und des Jacobson'schen Organs im Gaumenbereich voll ausgebildet. An Salzigem wird sie erst nach dem Abstillen Geschmack finden.

258

Der Schlaf der Katze ist unruhig, da sie dabei dieselbe Gehirnaktivität aufweist wie im Wachzustand. Sie träumt alle zwanzig Minuten. Also weilt sie für rund fünf Stunden pro Tag beziehungsweise Nacht im Reich der Träume – dreimal so lange wie der Mensch, der insgesamt nur etwa hundert Minuten träumt.

259

Unser Kätzchen hat ein Mondgesicht. Dieses hat sogar die Architektur inspiriert, insbesondere die benediktinische Romanik (um 1150). Das Portal der Kirche Saint Michel im französischen Lescure ist mit Friesen verziert, die 24 Katzenköpfe zeigen – ein kosmischer Kalender aus Sonnen und Monden, der zeigt, wie der Tag in die Nacht übergeht.

260

Die Ägypter verehrten die Katze so sehr, dass sie diese mit dem Mondgestirn verglichen. Der Grund hierfür ist jedoch ganz profan. Es hat mit der Fruchtbarkeit der Katze zu tun: Die 28 Tage des Mondmonats entsprechen der Anzahl der Kätzchen, die sie bei sieben Würfen in ihrem Leben zur Welt bringen würde.

261

Die Katze liebt die Violine. An der Bewegung ihrer Ohren, von vorne nach hinten, von der Horizontalen in die Vertikale, erkennt man ihre musikalischen Vorlieben. Ein Ais macht sie nervös, während sie beim E der 4. Oktave der Violine geradezu in Ekstase gerät.

_262_

Nicht von allen Musikinstrumenten ist unsere Katze angetan. Mit Trommelwirbeln sowie mit Jagdhorn- und Klarinettenklängen kann man sie jagen.

263

Die Silhouette der Katze, die ein wenig an ein Cello erinnert, hat einst die Birmanen inspiriert. Sie erfanden ein harfenartiges Musikinstrument, dessen Klang an das Miauen der Katze erinnert.

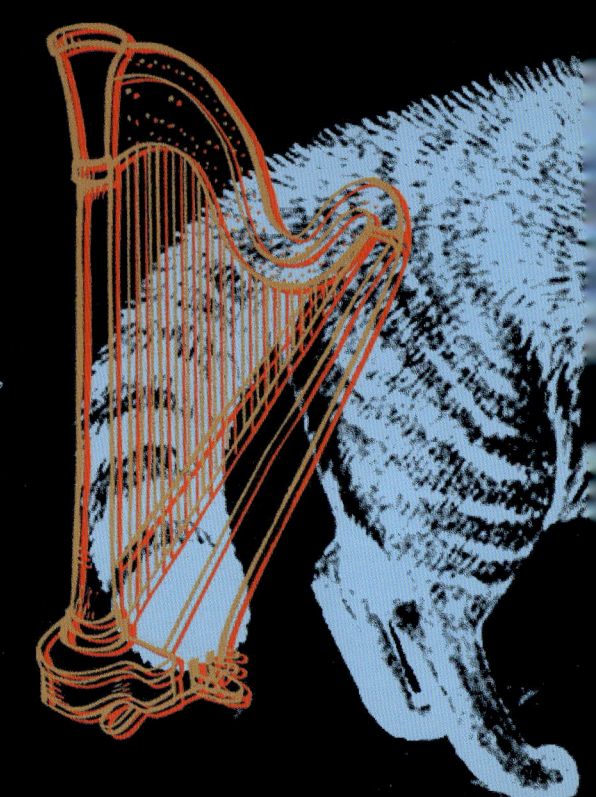

264

Hat die Katze möglicherweise einen sehr sicheren Musikgeschmack? Cody, die Katze des Komponisten Henri Sauguet, rollte sich jedesmal auf dem Boden, wenn ihr Herr eines seiner Werke zu spielen begann. Handelte es sich dagegen um ein Stück von Debussy, sprang die Katze aufs Klavier – vielleicht um es zum Schweigen zu bringen?

265

Katzen kommen mit sehr wenig Wasser aus. In der Natur holen sie sich die erforderliche Flüssigkeit aus ihrer Beute. Der Körper eines Nagetiers besteht zu 65 Prozent aus Wasser.

266

Auch wenn die Katze ursprünglich
ein Wüstentier war, muss sie ständig
mit frischem Wasser versorgt
werden. Schließlich enthält
Trockenfutter höchstens fünf
Prozent Flüssigkeit.

267

Die Katze hängt so sehr an ihrem Menschen, dass sie viele Kilometer zurücklegt, um zu ihm zu gelangen. Boïan in Ostsibirien hat 70, Mimine aus den Vogesen sogar 800 Kilometer zurückgelegt! Es wird vermutet, dass die Katze über einen biologischen Kompass verfügt, ähnlich wie die Zugvögel.

268

Die Katze hasst es, beobachtet zu werden. Deshalb wendet sie sich spontan jenen zu, die sie ignorieren, anstatt sie mit ihren Blicken zu verschlingen.

269

Für viele Menschen ist die Katze der Inbegriff
häuslicher Gemütlichkeit. Sie verschönert
das Leben alter und einsamer Menschen.
Doch nur in wenigen Seniorenheimen dürfen
Katzen gehalten werden.

270

Bei den Damen an den Höfen Ludwigs XIV. und Ludwigs XV. waren Katzen sehr beliebt. Als Katzenfreundinnen taten sich hervor: Marie Leczinska, die Herzogin von Maine, Madame de Montespan, Liselotte von der Pfalz, Gemahlin des Herzogs von Orléans, die Marquise du Deffand und zahlreiche Kurtisanen.

271

Nach der Vorstellung der alten Griechen trägt die Katze den Mond in ihren Augen. Weil man sich nicht erklären konnte, warum sich die Pupillen der Katzen je nach Lichtintensität erweitern und verengen, glaubte man, dass die Veränderung etwas mit den wechselnden Mondphasen zu tun habe.

272

In Gestalt einer weißen Katze gelang es der von dem schrecklichen Ungeheuer Typhon verfolgten Göttin Artemis, nach Ägypten zu entkommen.

273

»Respekt vor Katzen ist der Anfang jeglichen Sinnes für Ästhetik.«

ERASMUS DARWIN

274

»Sie ist ein philosophisches, methodisches Tier, beharrlich in
ihren eigenen Gewohnheiten, vernarrt in Ordnung und
Reinlichkeit und überschwänglichen Gefühlen abgeneigt.«
THÉOPHILE GAUTIER

275

Es gibt tausend Gründe, warum die Katze uns so fasziniert. Sie taucht vor allem in Gestalt der Göttin Bastet auf, der Tochter des Sonnengottes Ra. Und ebenso wie ihre Schwester Sachmet, die Löwengöttin, verkörpert sie das »Auge des Ra«. In der Mythologie steht die Katze der Sonne nahe, aber sie ist zugleich die Sonne unseres Lebens.

276

In der ägyptischen Mythologie gilt die Katze als Heldengestalt. Als Dienerin des Sonnengottes Ra tötet sie die Schlange Apophis, so dass die Sonnenbarke nach ihrer nächtlichen Reise durch die Unterwelt die Fahrt fortsetzen und die Sonne aufgehen kann – danke, meine Katze!

277

Die Katze akzeptiert anstandslos den für sie ausgewählten Namen. Auch gegen einen niedlichen Kosenamen, der schließlich an ihr haften bleibt, hat sie nichts einzuwenden. So wurde Ringo de Balmalon, die Kartäuserkatze von General Charles de Gaulle, Gris-Gris genannt.

278

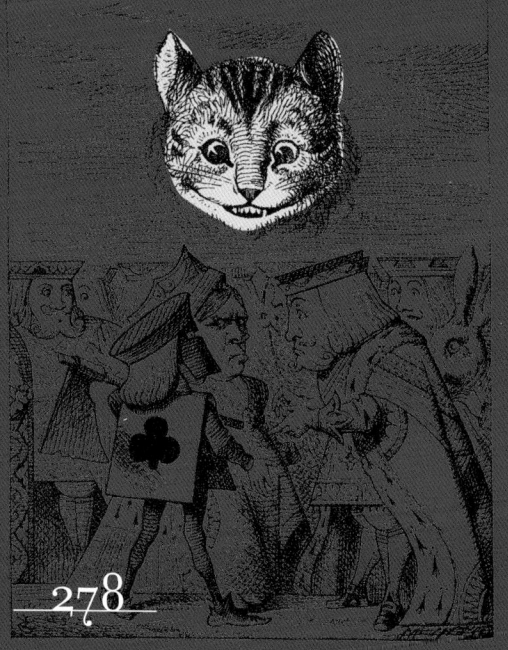

»Von Katzen versteht niemand etwas,
der nicht selbst eine Katze ist.«

NATSUME SŌSEKI

279

Dank ihrer Unabhängigkeit und Freiheit wurde die Katze zum Wappentier erhoben. Im 5. Jahrhundert hat der burgundische König Gundahar, der diese Tugenden schätzte, Wappen gestalten lassen »azurblau mit einer silbernen Katze«.

280.

Von alters her gilt die Katze auch als Beschützerin, und dies sogar bei hartgesottenen Kriegern. Die Katze symbolisierte somit auch einen Schutzgeist. In Rom zierte sie die Feldzeichen mancher Legionseinheiten.

281

Die arabischen Völker glaubten, die Katze habe im Gegensatz zum Hund eine reine Seele. Was gibt es Kostbareres als unsere Lieblingsgefährtin? In der vorislamischen Zeit genoss die Goldkatze göttliche Verehrung.

282

Die »Katze« ist eine Yoga-Übung. Wenn sie zusammengerollt ruht, ist das Tier der Inbegriff der inneren Ruhe. Für den Menschen gilt dies als ideale Position, um den Lebenssaft gleichmäßig durch den Körper fließen zu lassen.

283

Im Fernen Osten wird die Katze um ihrer Reinheit willen verehrt. Man glaubt, dass sie im tiefen Schlaf als Mittlerin zwischen Buddha, dem »Erwachten«, und den Gläubigen dient.

284

Die Bewunderer der Katze studieren jede ihrer Gesten. Im Land der aufgehenden Sonne interpretiert man die Bewegungen ihrer Pfoten anders als bei uns. Hebt sie die rechte Pfote, so verspricht sie *fuku*, Glück und Glückseligkeit. Mit dem Heben der linken Pfote signalisiert sie hingegen *sen ryo*, Reichtum.

285

»Wer solch graziöses Katerspiel mit Ball, Nuss und
Garnrolle nicht beobachtet, der hat überhaupt
nicht gelebt.«
RUDOLF GECK

286

»Oft denke ich, viel mehr Leute sollten Katzen haben. Sie würden von ihnen eine Menge über den Umgang mit Menschen lernen.«

BARBARA RÜTTING

287

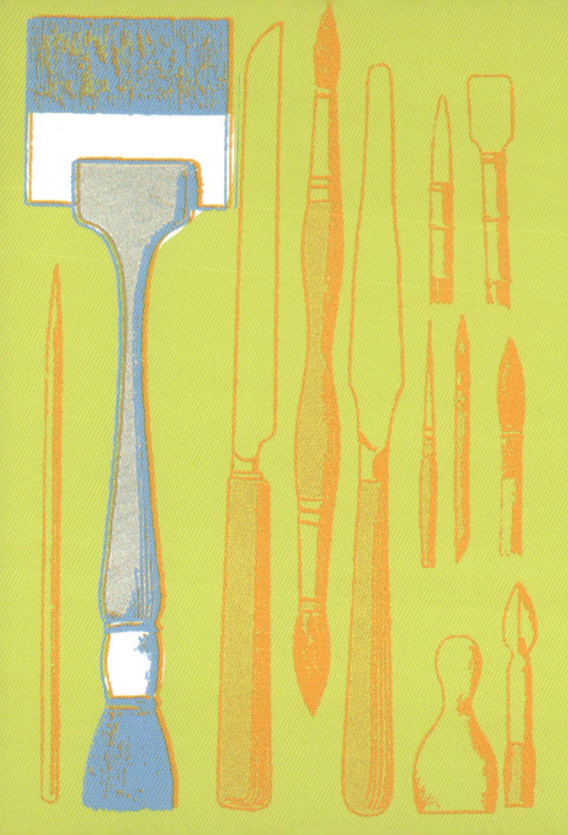

Die Katze ist die Freundin der Künstler, die ihr meist ebenfalls wohlgesinnt sind. Katzenfreunde waren und sind Paul Klee, Leonor Fini sowie Bernard Vercruyce oder Eva Koziol, in deren Bildern der Blick einer Katze echter wirkt als in natura.

288

Die Katze weicht ihrem Menschen nicht von der Seite. Die beiden sind unzertrennlich, selbst über den Tod hinaus. Diese Botschaft scheinen die vier Katzenstatuen in der Krypta des Pariser Pantheons zu vermitteln, die am Grab des Schriftstellers André Malraux die Totenwache halten.

289

Eine Katze gibt dem Haus eine Seele.

290

»Nachts sind alle Katzen grau.«
OVID

291

Wenn die Katze ihre Krallen ausstreckt, um damit die Knie ihres Herrchens oder Frauchens zu bearbeiten, tut sie das nicht aus Bosheit oder Rache. Es handelt sich vielmehr um einen Akt der Neotenie, das heißt um ein Verhaltensmuster aus frühester Kindheit: Die Katze, die ihren Menschen als »Mutter« betrachtet, fordert damit auf, sie zu säugen.

292

Die schwarze Katze, im Mittelalter noch als Ausgeburt der Hölle
betrachtet, fand später Gnade vor den Augen der Geistlichkeit.
Kardinal Richelieu hatte eine Lieblingskatze namens Luzifer.

293

Auch wenn die Katze eine große Jägerin ist, entspricht sie keinesfalls dem Feindbild der Vogelschützer. Ihre Vorliebe gilt nämlich keineswegs unseren gefiederten Freunden, die knapp zehn Prozent ihrer Beute ausmachen, sondern den viel nahrhafteren Mäusen.

294

Eine Katze, die in ihrer frühen Kindheit die Küken auf dem Hühnerhof piepen gehört hat, wird ihnen später nie etwas zuleide tun und gerne mit ihnen spielen.

295

Die Katze beschützt uns vor unerwünschten Kreaturen – konkret und in der Mythologie. So finden sich in Ägypten aus der Zeit der XII. Dynastie (1901–1785 v. Chr.) Elfenbeindarstellungen von Katzen, die ein Messer gegen eine Schlange erheben.

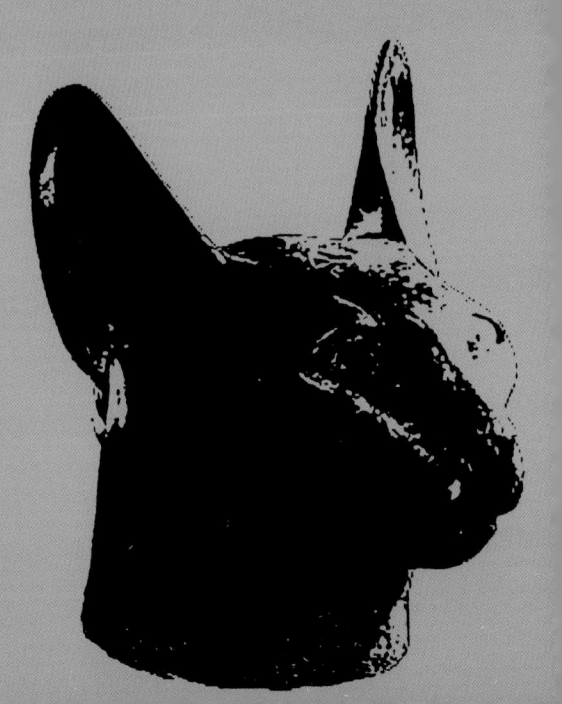

296

Die Katze ist schön wie der Tag. Ist sie nicht der Ursprung
der Morgendämmerung, wie es im Ägyptischen Totenbuch heißt?

297

Lockiges Fell wie bei einem Schaf ist das Merkmal der aus England stammenden Devon Rex, auch Koboldkatze genannt. Noch ungewöhnlicher sind ihre großen, an Fledermäuse erinnernden Ohren.

298

Die Devon Rex wird in ihrer Heimat
auch *poodle cat* (Pudelkatze) genannt.
Dennoch ist sie mit ihrem gelockten
Fell mehr Schaf als Hund. Sogar ihre
Wimpern und Schnurrhaare sind
gewellt. Im Umgang mit Kindern ist
die Katze sanft wie ein Lamm.

299

»Auf dem Gipfel des irdischen Glücks bewegen wir in der Küche schmeichlerisch den Schwanz, wir stoßen leise, zärtliche Klagelaute aus, lecken an den leeren Schälchen und geben am Tag höchstens ein Dutzend Ohrfeigen.«

HIPPOLYTE TAINE

300

Das Leben mit einer Katze hat etwas von einem Traum. Die Künstler, die an der Ausstellung »Chats du rêve, chats du quotidien« (Katzen des Traums, Katzen des Alltags) im Musée Daubigny bei Paris teilnahmen, liefern den Beweis dafür. Die Katze ist allgegenwärtig bei Steinlen, Barye, Deck, Frémiet, Gallé, Lalique, Cocteau, Leonor Fini, Foujita, Gen Paul, Ikuta, Jacques Nam oder Bernard Vercruyce.

Kleine Mädchen finden Katzen noch süßer als Stofftiere. Eine Katze lässt sich einen Rock überziehen und sträubt sich auch nicht gegen einen zu engen Pullover. Sie ist gefügig und ausgeglichen. Sie macht es sich gemütlich, reckt die Schnauze und reibt ihre Stirn an der ihrer »Mama« – die ihre Puppen und Teddybären ganz unten in der Spielzeugkiste verstaut.

302

Die Katze ist überglücklich, wenn sie ihre Tage in Gesellschaft eines Kindes verbringt, das sich mit ihr zu beschäftigen weiß. Die beiden verschmelzen dann zu einer Einheit.

Die Katze spielt nicht mit jedem Spielzeug auf gleiche Weise. Denn jedes stellt für sie eine andere Beute dar. Das Wollknäuel erinnert an eine Maus, der an einer Schnur befestigte Korken an einen Vogel und der Hausschuh an ein Kaninchen.

304

Die Katze spielt gerne mit Fischen. Um sie zufriedenzustellen, braucht man jedoch keinen Hering an Land zu ziehen. Ein Papierknäuel tut es ebenso, vorausgesetzt man hat ein geschicktes Händchen und wirft das Knäuel so über die Schulter, dass es sich in den Augen der Katze in eine Sardine verwandelt.

305

Die Katze ist eine vorbildliche Mutter. Auf der Seite liegend, den Körper halbkreisförmig gekrümmt, die Pfote auf ihren Schätzchen säugt sie ihre Kätzchen mehrmals am Tag, schläft wenig – und schnurrt vor Wohlbehagen.

306

Es fasziniert uns, welch stoischen Gleichmut die Katzenmutter gegenüber ihren Kätzchen an den Tag legt. Unermüdlich spielt sie mit ihnen und lässt es zu, dass sie die Krallen in ihre Haut, an die Augen und die Schnauze drücken.

307

Durch ihre Schnurr- oder Tasthaare verrät die Katze etwas über ihren Gemütszustand. Achtung: Wenn sie die Schnurrhaare nach vorn richtet, ist sie furchtbar wütend.

308

»Dass die Katze eine solche Anziehungskraft auf uns
ausübt, hat nichts Rätselhaftes an sich. Wir sehen in ihr
ein vollkommenes Wesen, schöner als alle anderen,
besser proportioniert als der Löwe und der Tiger.«
LEONOR FINI

309

Die Katzenmutter erleichtert uns unsere Aufgabe: Sie bringt ihren Kleinen die großen Prinzipien der Erziehung bei. Wenn ihre Schelme weglaufen, holt sie sie mit kleinen Pfotenhieben zurück und gibt ihnen einen Klaps auf die Schnauze. Wie folgsam unsere Kätzchen dann sind!

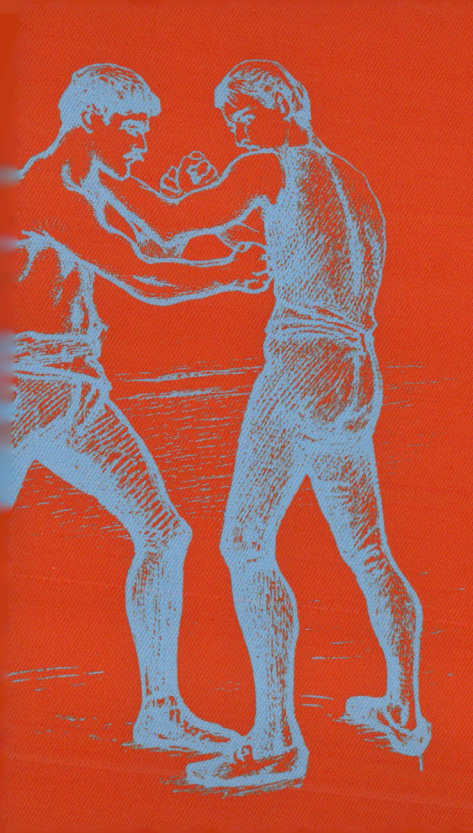

310

Es ist unglaublich, wie die Katzenmutter ihre Kätzchen erzieht. Sie erteilt durchaus unterschiedliche Lektionen, je nachdem, ob es sich um ein Kätzchen oder einen Kater handelt. Letztere erhalten eine spezielle »Kampfausbildung«. Das weibliche Kätzchen wird entweder mütterliche Qualitäten oder Intelligenz erwerben müssen, je nachdem, ob es später mit der Mutter unter einem Dach wohnt oder nicht.

311

Ein Haus ohne Katze verliert etwas von seiner
Seele, besonders wenn es von einem berühmten
»Ordnungshüter« wie Micetto bewohnt war. Diese
Katze hatte Papst Leo XII. dem französischen
Politiker und Schriftsteller Chateaubriand vererbt.
Deshalb wohnt im Maison de Chateaubriand in
Chatenay-Malabry auch heute noch eine Katze.

312

Eine Jungkatze spielt mit allem, was sie findet. Der große Katzenfreund Richelieu amüsierte sich darüber, wie seine Kätzchen ungeniert in die Perücken der berühmten Akademiemitglieder kratzten.

313

Die Jungkatze, deren Knochen und Muskeln noch wachsen müssen, muss eine ausreichende Menge an tierischen Proteinen, Mineralstoffen, Vitaminen und Spurenelementen zu sich nehmen.

314

Die Jungkatzen haben mehr als nur ein Spiel im Kopf. Gerade mal drei Wochen alt, beherrschen sie bereits acht Spiele. Diese gliedern sich in Angriffsspiele und angedeutete Jagdszenen. Das Ganze läuft jedoch in einer liebevollen Atmosphäre ab.

315

Welch eine Freude empfindet man, wenn man seine Katze im Garten herumtollen sieht! Dort findet sie einen regelrechten Erlebnispark vor. Der Garten wird zur Manege.

316

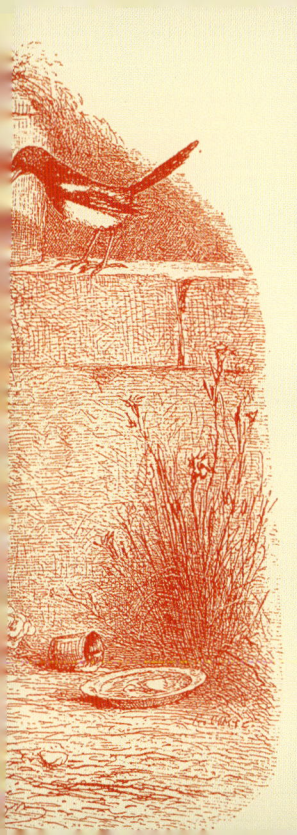

Nicht jede Art von Musik gefällt der Katze.
Manche Geräusche gehen ihr so sehr auf die
Nerven, dass sie mit den Zähnen klappert.
Das Vogelgezwitscher im Frühling etwa bringt
sie in Rage. Vögel, die der Katze zu vorwitzig
sind, werden wohl Federn lassen müssen.

317

Die weitverbreitete Vorstellung, eine Katze
müsse mindestens einen Wurf haben, ist Unsinn!
Die Sterilisation kann bereits vorgenommen
werden, wenn die Katze fünf Monate alt ist,
ohne dass ihre Gesundheit dadurch
beeinträchtigt wird.

318

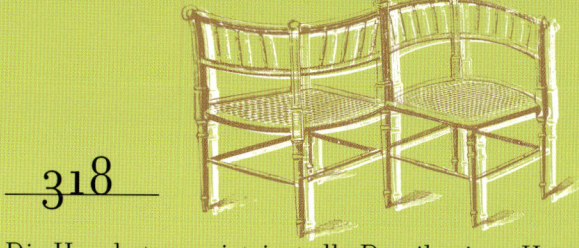

Die Hauskatze registriert alle Details eines Hauses. Sie kennt den Geruch eines jeden Möbelstücks. Schließlich hat sie sich am Holz gerieben und dabei dessen Struktur erkundet sowie die von fremden oder vertrauten Händen hinterlassenen Spuren erforscht.

319

»Wer weiß, ob meine Katze, wenn ich mit ihr spiele,
sich nicht mehr mit mir amüsiert als ich mich mit ihr?«
MICHEL DE MONTAIGNE

320

Die Katze teilt unser Leben, unsere Mühen und Sorgen. Stress ist einer der Hauptgründe für einen Besuch beim Tierarzt. Das neue Jahrhundertleiden führt bei der Katze zu Verhaltensstörungen.

321

Wie kann man die Katze glücklich machen? Indem man ihr das Glücksmolekül verabreicht! Es stammt aus einem Milchprotein namens Alpha-Casozepin, das den Katzenbabys nach dem Säugen zugutekommt. Diese Nahrungsergänzung ist das erste natürliche Anti-Stress-Mittel für Katzen.

322

Die Katze riecht gut, weil sie sich pflegt. Trotzdem spricht nichts dagegen, ihr ein Parfüm anzubieten: Den süßen und lieblichen Duft der Duft-Clematis toleriert sie ebenso wie einen fruchtigen Pfirsichduft oder ein aufregendes und süßliches Vanillearoma.

323

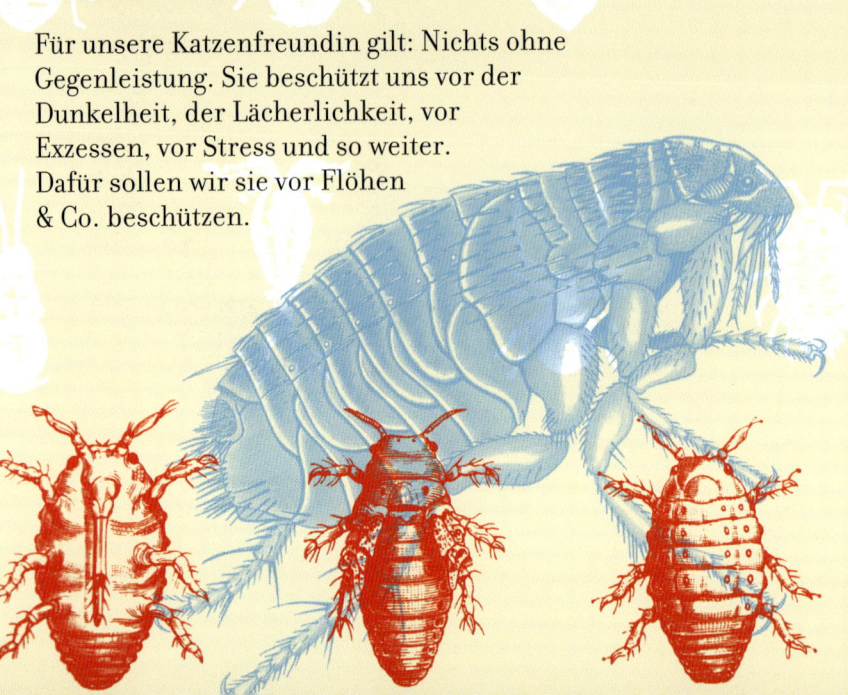

Für unsere Katzenfreundin gilt: Nichts ohne
Gegenleistung. Sie beschützt uns vor der
Dunkelheit, der Lächerlichkeit, vor
Exzessen, vor Stress und so weiter.
Dafür sollen wir sie vor Flöhen
& Co. beschützen.

324

Von Geschichten über Katzen, die wie durch ein Wunder gerettet wurden, kann man nicht genug bekommen. Etwa die folgende: Ein in einem Bücherkarton ausgesetztes Kätzchen namens Dewey wurde im Winter in eisiger Kälte von Vicky Myron, einer Bibliothekarin aus den Vereinigten Staaten, gefunden und aufgenommen.

325

Die Katze ist mutig und engagiert. Bei Duellen kommt es für sie überhaupt nicht in Frage, dem Gegner den Rücken zu kehren. Das Gesicht angespannt, mit hochgezogenen Lefzen und angelegten Ohren nähert sie sich von der Seite. Ihr Körper ist zum Buckel gekrümmt, der Kopf zwischen die Schultern gezogen, die Haare gesträubt. Und dabei hat sie nicht einmal Angst!

326

Es sieht rührend aus, wenn das kleine Raubtier Angst hat. Der gesträubte Schwanz ist dann ganz durchgestreckt. Speichel läuft aus dem Maul. Alles ist bereit zur Flucht.

327

»Die Frau kann sich in eine Katze verwandeln, wenn sie will. Doch da sie ein wenig Angst vor Mäusen hat, spielt sie lieber mit dem ersten Mann, der ihr unter die Pfote kommt.«

JACQUES PRÉVERT

328

»Sie setzte sich immer auf die beiseite gelegten, vollgeschriebenen Papiere und blinzelte mich mit ihren unergründlich gelben Augen so eigentümlich an, so fragend. Ihre Gegenwart glich der Gegenwart einer seltsamen, schweigenden Fee.«
ROBERT WALSER

329

Gern verwöhnen wir unsere Katze mit kleinen Leckerbissen. Fisch ist ihre Leibspeise. Und wenn der Katzenhai zu weich ist und zu stark riecht, serviert man ihr eben ein Stück duftenden Kabeljau mit festem Fleisch.

33°

Die Katze bleibt ihren Gewohnheiten aus der Kinderzeit treu. Daher ihre Vorliebe für Milch, das Getränk der ersten Tage.

331

Zwischen zwei und
sechs Metern
Entfernung hat
die Katze ein
Gesichtsfeld von
180 Grad. Ihr
entgeht nichts.

332

Bei Dämmerung sieht die Katze genauso gut wie am helllichten Tag. Diese Fähigkeit verdankt sie der reflektierenden Gewebeschicht an ihrer Choroidea (Aderhaut), einer Membran der Augenwand.

—333

Die Katze braucht genügend Zeit zum Wachsen, um ihre Fähigkeiten voll entwickeln zu können. Ihre Intelligenz erreicht mit zwei Jahren ihren Höhepunkt. Ihr IQ ist zehnmal höher als der des Pferdes.

334

Die Intelligenz der Katze bemisst sich an ihrer Fähigkeit, günstige Gelegenheiten zu erkennen, sich anzupassen und eine Situation zu analysieren.

335

Die Katze hat ein sehr dichtes Fell, das aus drei Haartypen besteht: Stichel- oder Grannenhaare (diese sind je nach Rasse unterschiedlich lang und bedecken zwei Unterfelle), Leithaare (hart und steif) und Flockhaare (weich und gewellt).

336

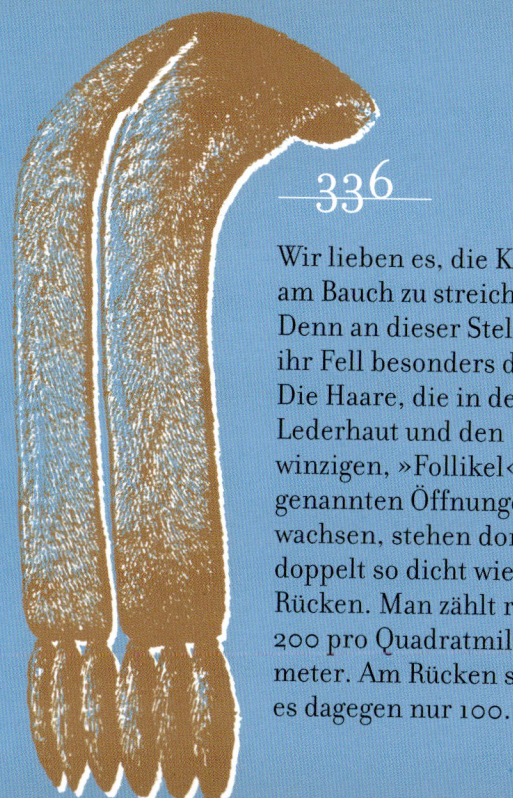

Wir lieben es, die Katze am Bauch zu streicheln. Denn an dieser Stelle ist ihr Fell besonders dicht. Die Haare, die in der Lederhaut und den winzigen, »Follikel« genannten Öffnungen wachsen, stehen dort doppelt so dicht wie am Rücken. Man zählt rund 200 pro Quadratmillimeter. Am Rücken sind es dagegen nur 100.

337

Auch im hohen Alter ist die Katze von strahlender Schönheit. Ihr Fell bleibt intakt, da die Haare ständig erneuert werden.

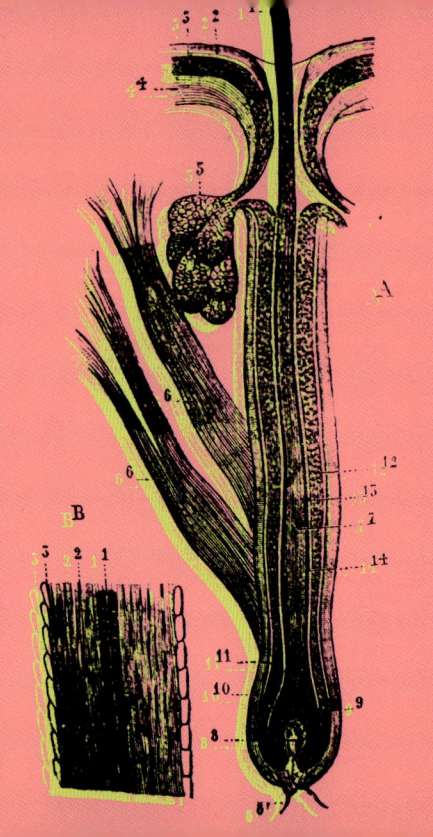

__338__

Die Katzenmutter liegt nicht auf der faulen Haut. Da sie während ihres gesamten Lebens fruchtbar bleibt, hat sie alle Hände voll zu tun. Bei zwölf Katzenkindern im Jahr wird sie innerhalb von acht bis zehn Jahren rund hundert Kätzchen zur Welt bringen.

339

Wenn man kleine Katzen mag, ist die Singapura ideal. Die kleinste aller Hauskatzen stammt aus Singapur und wiegt ausgewachsen nicht mehr als drei Kilogramm.

34°

Die Katze ist ein Symbol für Unabhängigkeit, insbesondere wenn man eine Pixie-Bob besitzt. Sie stammt von der Coastal Red Bobcat ab, der kleinsten Katzenrasse aus der Familie der Bobtailkatzen, die von Zentralmexiko bis Südkanada gezüchtet wird. Optisch erinnert sie stark an den Rotluchs.

341

75 Prozent der Katzenbesitzer haben eine positive Einstellung zur Sterilisation. Der Verzicht auf diese Präventivmaßnahme hat eine traurige Folge: Pro Jahr werden eine Million Kätzchen umgebracht.

342

Jedes Jahr geben Tierschutzorganisationen rund eine Million Euro für die Sterilisation der Katzen aus. Mit diesen Mitteln sollen der Schutz und die Gesundheit der Kätzchen gewährleistet werden.

343

Die Katze aus dem *Dschungelbuch* gibt es auch im richtigen Leben. Die Bombaykatze, deren Fell, Haut, Nase und Sohlenballen schwarz wie Ebenholz sind, hat den Beinamen »Bagheera«.

344

Der Katze fehlt es nicht an Humor. So liebt es die pechschwarze Bombaykatze mit den goldfarbenen, leuchtenden Augen, sich nach Art aller kleinen Katzen zu verstecken, und am liebsten versteckt sie sich im Dunkeln.

345

Was für ein traumhaftes Geschöpf ist doch die California Spangled Cat! Man hat die Wahl zwischen einem Prachtexemplar mit getupfter Tabby-Zeichnung oder, wenn das Fell Rosetten aufweist, einem Mini-Geparden oder, wenn die Katze blaue Augen hat, einem Mini-Schneepanther.

346

Sucht man nach einer originellen Katzenrasse, so drängt sich die
California Spangled Cat mit ihrem birnenförmigen Kopf, den
Büscheln an den Ohren, den »Mascara«-Linien an den vollen
Wangen und der cremefarbenen Schnauze förmlich auf. Zudem hat
sie acht Zehen mehr als eine andere Katze.

347

»Wie der Vetter in den Dschungeln,
Schleicht der Kater in den Ähren;
Doch der Tiger frisst gern Menschen,
Mäuse möchte Hinz verzehren.«

DETLEV VON LILIENCRON

348

»Gott schuf die Katze, damit der Mensch einen Tiger zum Streicheln hat.«

VICTOR HUGO

349

Zwischen Bäumen fühlt sich die Katze sehr wohl. Laubbäume verströmen einen betörenden Duft, und sie haben den zweifachen Vorteil, der Katze an heißen Tagen als Sonnenschirm zu dienen sowie ihre Blätter zu verlieren, die dann im Wind tanzen.

350

Nach einem Sonnenbad putzt sich die Katze noch ausgiebiger als sonst. Das liegt daran, dass sich ihr Fell während der Sonnenbestrahlung mit Vitamin D anreichert.

351

Beim Spielen mangelt es der Katze nicht an Phantasie.
Der Baum bietet ihr wunderbare Spielmöglichkeiten:
Sie klammert sich an ihm fest, klettert darauf herum
und balanciert auf den Ästen.

352

Die Katze liebt es, durch den Garten zu streifen. Aber vor Giftschlangen und Kröten, deren Gift sehr gefährlich für sie ist, muss sie sich hüten!

353

Der Weg zur Hölle ist mit guten Vorsätzen gepflastert. Wer seine Katze mit Leckerbissen verwöhnen will: Schweizer Käse, Avocadostücke oder Joghurt liebt sie über alles! Aber Vorsicht: Zwei von drei unserer Hauskatzen sind zu dick.

354

Die Katze ist eine äußerst wählerische
Fleischfresserin. Sie liebt rohes Fleisch,
dessen Konsistenz und Struktur – zwei
entscheidende Kriterien für unsere
Feinschmeckerin – sie schätzt. Vor allem
Leber ist für sie ein Hochgenuss.

355

»Es ist eine
schwierige Sache, die
Zuneigung einer Katze
zu gewinnen.«

THÉOPHILE GAUTIER

356

»Ich bewundere die Katzen, die einzigen Haustiere, die keine Sklaven sind.«
ÉMILE ZOLA

357

Vor der schwarzen Katze, im Mittelalter als Dienerin des Teufels angesehen, hatte man in der Provence noch nie Angst. Im Gegenteil: In Südfrankreich gelten Katzen mit ebenholzschwarzem Fell als Glücksbringer.

365 Gründe
Katzen zu lieben

365 Gründe
Katzen zu lieben

Herausgegeben
von BRIGITTE BULARD CORDEAU

Aus dem Französischen
von CÄCILIE PLIENINGER

KNESEBECK

1

»Eine sitzende
Katze ist der
Inbegriff der
Ruhe.«

JULES RENARD

2

Die Katze lädt
uns ein, mit ihr
in eine andere
Welt einzutauchen –
eine Welt der Ruhe,
der Fülle und des
Glücks.

3

Es ist tatsächlich möglich, mit einem Leoparden zusammenzuleben:
mit der Bengalkatze, auch Leopardette genannt. Dieser Miniatur-
Leopard hat ein prächtiges Fell mit schokoladenbraunen Flecken.
Einige Bengalkatzen haben auch das Fell eines Schneeleoparden.
In diesem Fall ist das Fell weiß, mit schwarzen Flecken. Ihre blauen
Augen behalten diese Katzen auch noch als erwachsene Tiere.

4

Die Bengalkatze ist trotz ihrer Gene und ihres wilden Aussehens sehr anhänglich. Zudem ist sie eine begabte Jägerin, überaus aktiv und von unbekümmertem Naturell. Sie ist eine Balancekünstlerin, die die Weite und das Wasser liebt.

5

»Die Menschheit lässt sich grob in zwei Gruppen einteilen: in Katzenliebhaber und in vom Leben Benachteiligte.«

FRANCESCO PETRARCA

6

»Aus ihrem braun und blonden Felle
Steigt ein Geruch, so süß, dass ich
Selbst duftete, als nachts ich strich
Ein Mal nur! seine weiche Welle.«

CHARLES BAUDELAIRE

7

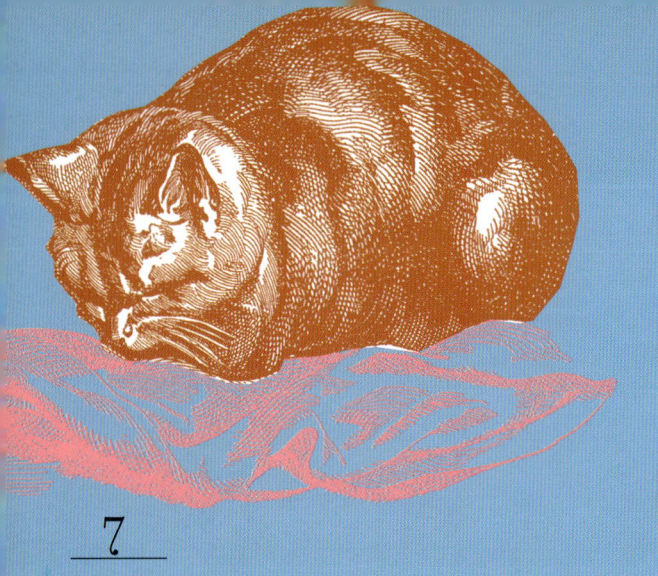

Die Katze schnurrt, wenn sie sich wohlfühlt.
Dieses Wohlbehagen bringt sie auf wunderbare
Weise zum Ausdruck. Aber sie schnurrt auch,
wenn sie Schmerzen hat. Dieses Paradox ist
eines der größten Rätsel bei Katzen.

8

Die Lebensweise der Katze ist bewundernswert:
Sie kann sich der geschäftigen Welt entziehen
und sich ganz allmählich dem Müßiggang hingeben.
Es ist wie eine Schifffahrt in fremde Gefilde!

9

»Der Katze leises Raunen trieb mich zum Dichten an.«

ROBERT WALSER

10

»Katzen sind die rücksichtsvollsten und aufmerksamsten Gesellschafter, die man sich wünschen kann.«

PABLO PICASSO

11

Anmut vereint Schönheit und Müßiggang. Ein halbmondförmiger Körper, ein hoch erhobenes Haupt und funkelnde Augen: Die Katze gibt sich der Trägheit hin, als würde sie damit ihre Schönheit noch steigern wollen.

12

An Katzen kann man sich nicht satt sehen. Ihr Körper ist ein richtiges Kaleidoskop: Man kann darin Buchstaben, antike Statuetten oder futuristische Skulpturen sehen.

13

Die Kartäuserkatze ist eine
»literarische« Katze. Die
französischen Schriftsteller
Du Bellay und Colette haben
sie in ihren Werken gepriesen.
Sie hat kupferfarbene Augen
und ein mausgraues Fell und
ist eine der ältesten gezüchte-
ten Katzenrassen. Im Jahr 1254
wurde sie durch Kreuzungen
auf unserem Kontinent
eingeführt.

14

Die Kartäuserkatze, eine Kurzhaarkatze, ist charmant und von ruhigem, ausgeglichenem Wesen. Und sie ist eine hervorragende Mäusejägerin. Colette nannte sie »mein perlfarbener Dämon«. Ihr Fell ist einfarbig grau, ohne Schattierungen oder Lichtreflexe.

15

Die Bengalkatze mit ihrem Raubtierkörper und ihrem heiseren Miauen stammt vom asiatischen Leoparden ab. Sie hat ein wildes Temperament und einen enormen Platzbedarf.

16

Die Bengalkatze ist mit einem traumhaften Fell gesegnet. Es kann marmoriert, leoparden- oder auch schneeleopardenähnlich sein. Tiere mit marmoriertem Fell weisen an den Schultern farbige Flecken auf, die an Schmetterlingsflügel erinnern. An den Flanken haben sie große austernförmige Rosetten, am Rücken breite Streifen. Der Gipfel der Raffinesse ist die perfekte Symmetrie der Farbflecke auf beiden Körperhälften!

17

»Wie! … Der Mensch beklagt sich darüber, zu leben! Hat er denn keine Hände, um das Fell der Katzen zu streicheln!«

THÉOPHILE GAUTIER

358

Die Katze war schon immer eine treue Gefährtin der Hexen.
Im Jahr 1586 wurde Anna Winkelzipfel in Bergheim
verbrannt, weil sie mit schwarzen Katzenfellen bekleidet ins
Gemach von Jacques Potter eingedrungen war.

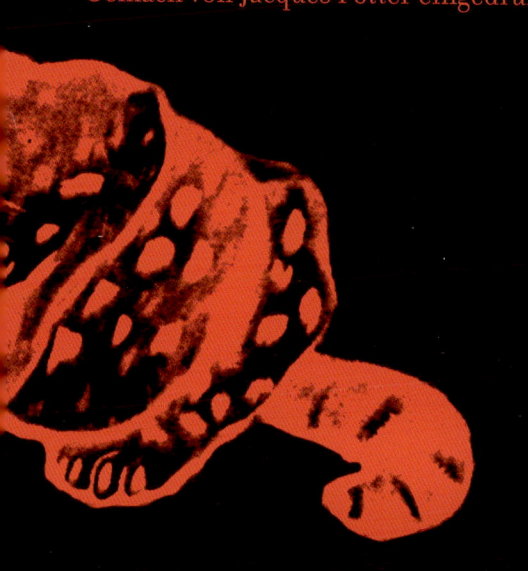

359

Katze und Wasser sind keine Gegensätze. So ist die Sokoke-Katze, schon seit geraumer Zeit im Sokoke-Wald in Kenia beheimatet, eine hervorragende Schwimmerin.

360

Die Katze ist für uns von großem Nutzen, da sie Jagd auf Insekten macht. Für diese Aufgabe ist niemand besser geeignet als die Sokoke-Katze. Diese afrikanische Rasse ist eine leidenschaftliche Fliegenjägerin!

361

Hunde glauben, sie seien Menschen.
Katzen glauben, sie seien Gott.

362

Es ist ein rührender Anblick, wenn die Katze einen Vogel, den sie gefangen hat, wieder loslässt – auch wenn sie dies eher aus Ungeschicklichkeit als aus Mitleid tut. Die Folge ist: 90 Prozent der Vögel gelingt die Flucht, nachdem sie Kontakt mit einer Katzenpfote hatten.

363

Die Katze ist ein »Spion mit Samtpfoten«! Unsere Reisetasche ist für sie das reinste Auskunftsbüro. In dem Gepäckstück liest die Katze wie in einem offenen Buch.

364

Die Katze liebt den Herbst, der die welken Blätter tanzen lässt. Die Katze wirft sie mit einer verstohlenen Geste auf den Boden, wie gelbe und rote Schmetterlinge.

365

Wie Baudelaire lieben auch wir es, die Katze zu liebkosen, ganz egal, ob sie lange, halblange, kurze oder auch gar keine Haare hat. Denn ihr Fell ist so kuschelweich, dass man sie am ganzen Körper streicheln kann. Liebkosen möchte man auch die Stellen, an denen kein Fell ist, wie ihre kühle Nasenspitze, die man gerne küssen möchte, oder die zarten Sohlenballen.

Autorenregister

Apollinaire, Guillaume 147
Aulnoy, Madame d' 130, 248
Baudelaire, Charles 6, 41, 79, 96, 99, 100
Brown, Pam 165
Busch, Wilhelm 133
Chateaubriand, François René de 225, 226, 229
Cocteau, Jean 188
Colette 102, 128
Constantin, Jean 208
Darwin, Erasmus 273
Da Vinci, Leonardo 129
Defoe, Daniel 110
Eggebrecht, Axel 187
Eliot, Thomas Stearn 88
Falke, Gustav 58
Fini, Leonor 25, 26, 103, 308
Gautier, Théophile 17, 37, 38, 95, 274, 355
Geck, Rudolf 285
Hoffmann, E. T. A. 134, 137, 138, 141
Huch, Ricarda 232
Hue, Jean-Louis 52, 65, 142
Hugo, Victor 348
Kipling, Rudyard 51
Klingsor, Tristan 201
La Fontaine, Jean de 207
Lessing, Doris 217
Laurent, Jacques 165
Lessing, Theodor 119
Liliencron, Detlev von 347
Lorrain, Jean 124
Loti Pierre, 70, 107
Magnani, Anna 123
Marten, Max 143
Maupassant, Guy de 18
Michelet, Jules 87
Montaigne, Michel de 319
Morgenstern, Christian 175
Ovid 290
Paradis de Moncrif, François-Augustin 173, 174
Peabody, Mugsy 166
Petrarca, Francesco 5
Picasso, Pablo 10
Prévert, Jacques 249, 327
Renard, Jules 1
Rilke, Rainer Maria 47
Rostand, Edmond 151
Rütting, Barbara 286
Scott, Walter 42
Shaw, George Bernard 48
Spencer, Stanley 57
Sôseki, Natsume 278
Taine, Hippolyte 152, 299
Twain, Mark 109, 127
Walser, Robert 9, 328
Zola, Émile 356

Sachregister

Abessinierkatze 21, 22, 172
Aggressivität 29
Ägypten 83, 84, 111, 145, 146, 216, 220, 223, 224, 231, 260, 272, 275, 276, 295, 296
Ägyptische Mau 83, 84
Ärger 29
Akrobat 93
American Curl 113, 114
Angriff 29, 33, 236, 314, 325
Angst 29, 181, 325, 326
Augen 3, 13, 19, 22, 36, 41, 54, 56, 60, 77, 90, 92, 100, 108, 117, 118, 121, 125, 126, 151, 177, 183, 184, 201, 213, 228, 244, 271, 331, 332, 344

Bäume 349, 351, 364
Balance 4, 132, 185, 186
Bastet 145, 275
Bengalkatze 3, 4, 15, 16
Birmakatze 19, 20, 108
Bombaykatze 343, 344
Britisch Kurzhaar 56
Bücher 29, 37, 147, 221, 222
Bürsten 62, 156, 159, 160
Burmakatze 121, 169

California Spangled Cat 345, 346

Devon Rex 297, 298
Domestizierung 69, 223, 224, 236
Drüsen 71
Duft 6, 74, 322

Eleganz 136
Ernährung 120, 313, 329, 330, 353, 354 (*siehe auch Nahrung*)
Europäische Kurzhaarkatze 56, 125, 126, 175

Eusmilus 135
Exotische Kurzhaarkatze 160

Fähigkeiten 39, 72, 165, 232, 250, 267, 280, 281, 283, 284, 292, 295, 296, 324, 357, 358
Falbkatze 136
Fell 3, 6, 13, 14, 16, 17, 18, 19, 21, 22, 32, 53, 54, 55, 56, 59, 60, 62, 64, 67, 85, 89, 108, 115, 116, 120, 121, 122, 125, 126, 137, 150, 155, 156, 157, 158, 159, 160, 163, 169, 175, 176, 200, 205, 252, 335, 336, 337, 350, 365
Flöhe 323
Freiheit 40, 209, 279

Gang 189, 190
Garten 45, 46, 149, 197, 199, 315, 352
Geschmeidigkeit 98

Haare 14, 31, 50, 113, 115, 158, 159, 160, 169, 178,

252, 325, 335, 336, 337, 357, 365
Häuser 15, 45, 50, 69, 76, 81, 149, 188, 195, 224, 243, 311, 318
Hauskatze 125, 136, 318
Halskrause 76
Harlekin-Katze 126
Highland Fold 85

Insekten 360
Intelligenz 109, 119, 123, 152, 165, 171, 187, 203, 333, 334

Jagd 4, 14, 43, 155, 197, 198, 210, 235, 236, 239, 293, 294, 314, 360

Kämpfe 140, 153, 325
Kätzchen 31, 42, 58, 171, 215, 260, 305, 306, 309, 310, 313, 314, 338, 341
Kartäuserkatze 13, 14, 56, 122, 277
Kinder 53, 55, 114, 298, 301, 302

Kinderlieder 80, 180, 241
Körper 11, 12, 15, 16, 30, 53, 66, 73, 78, 93, 94, 97, 98, 186, 192, 245, 246, 325
Kopf 19, 25, 86, 135, 259, 325
Krallen 41, 210, 252, 291
Krankheit 32, 153
Künstler 238, 287, 300

Lauer 192

Mäuse 144, 201, 202, 209, 239, 278, 293, 347
Maine Coon 155, 156, 182
Mandarin 59
Mensch 4, 20, 22, 23, 36, 81, 149, 164, 170, 213, 227, 228, 239, 243, 244, 267, 288
Miauen 15, 23, 24, 35, 85, 91, 101, 105, 106, 111, 124, 169, 170, 182, 199, 206, 212, 245, 246, 247, 255, 256, 263

Möbel 195, 240, 318
Mond 11, 86, 183, 259, 260, 271
Mumifizierung 146
Mund 25, 46
Musik 79, 80, 179, 180, 242, 245, 246, 247, 248, 255, 256, 261, 262, 263, 264, 316
Mutter 31, 215, 260, 305, 306, 309, 310, 338

Nahrung 91, 193, 194, 253, 254, 257, 321 (siehe auch Ernährung)
Name 88, 232, 277
Neotenie 28, 29
Norwegische Waldkatze (oder Skogkatt) 75, 76, 169

Ocicat 60
Ohren 19, 86, 113, 114, 163, 181, 194, 261, 297, 325
Organisationen 154, 342
Orientalkatze 35, 36, 1 69, 176

Perserkatze 19, 57, 89, 90, 103, 115, 149, 150, 157, 158, 159, 208
Pfoten 19, 20, 38, 41, 151, 163, 186, 189, 190, 201, 234, 251, 252, 284, 327
Pixie-Bob 340
Psychologie 237, 320, 321
Pupillen 92, 117, 118, 183, 184, 271

Ragdoll 53, 54, 63, 64, 182
Rassen 158
Ratten 43, 207, 222, 230
Rücken 30, 50, 134
Russisch Blau 55, 61, 62

Schlaf 2, 8, 45, 110, 138, 141, 201, 258, 282, 283, 289
Schnelligkeit 131

Schnurren 7, 27, 28, 104, 201, 206, 212
Schnurrhaare 25, 178, 181, 191, 298, 307
Schwanz 19, 29, 33, 34, 49, 54, 59, 76, 98, 132, 137, 163, 192, 326
Scottish Fold 85, 86
Siamkatze 35, 90, 150, 163, 164, 169, 182, 227, 228
Singapura 339
Skogkatt (oder Norwegische Waldkatze) 75
Smilodon 215
Sokoke-Katze 359, 360
Somalikatze 172
Sonne 200, 350
Sphinx 177, 178, 182, 243, 244
Spiel 171, 202, 285, 294, 303, 304, 306, 312, 314, 315, 351, 364

Steppenkatze 136
Sterilisation 153, 317, 341, 342
Streicheln 6, 17, 18, 28, 211, 348, 365

Talg 74
Toilette 109, 157, 159, 251, 252, 350
Tonkanese 169
Türkisch Angora 115, 116

Van-Katze 126
Verletzungen 153
Vögel 33, 139, 293, 316, 362

Wasser 4, 162, 200, 265, 266, 359
Wut 50, 106, 133

Zähne 215, 219, 252

Notizen

Notizen

Notizen

Titel der Originalausgabe: *Une bonne raison par jour d'aimer les chats*
Erschienen bei Éditions du Chêne – Hachette Livre, Frankreich 2010
Copyright © 2010 Éditions du Chêne – Hachette Livre

Deutsche Erstausgabe:
Copyright © 2011 von dem Knesebeck GmbH & Co. Verlag KG, München
Ein Unternehmen der La Martinière Groupe

Herstellung und Satz: VerlagsService Dr. Helmut Neuberger &
Karl Schaumann GmbH
Druck: L.E.G.O. S.p.A.
Printed in Italy
ISBN 978-3-86873-318-1
Alle Rechte vorbehalten, auch auszugsweise
www.knesebeck-verlag.de

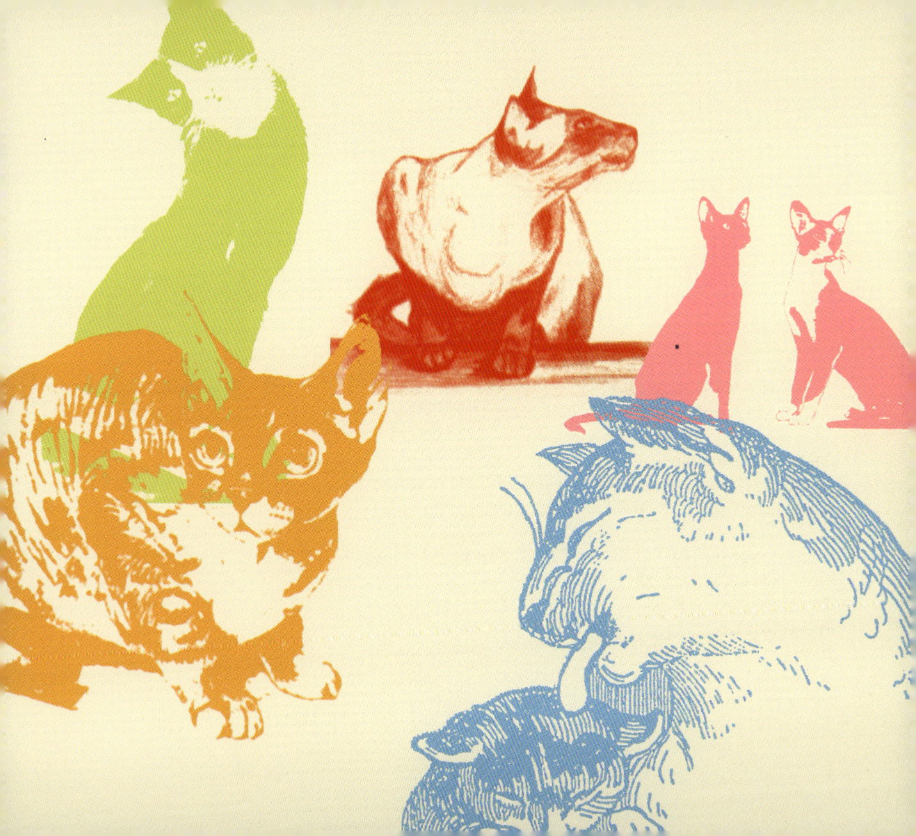

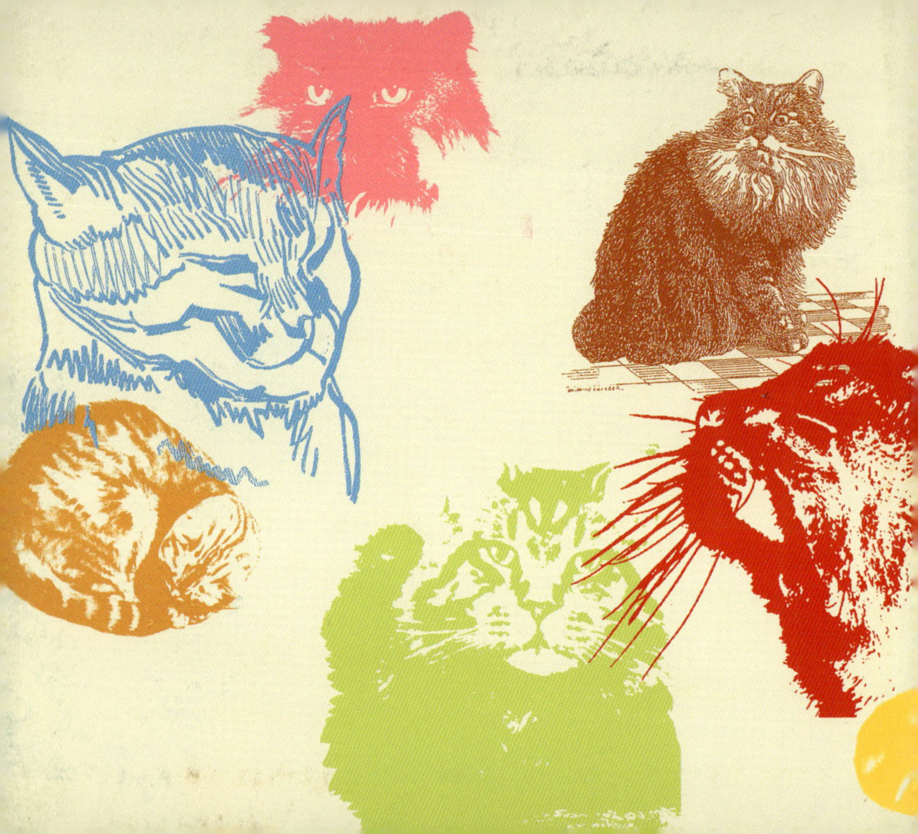